中国农村反贫困
财政政策研究

ZhongGuo NongCun FanPinKun
CaiZheng ZhengCe YanJiu

曹润林◎著

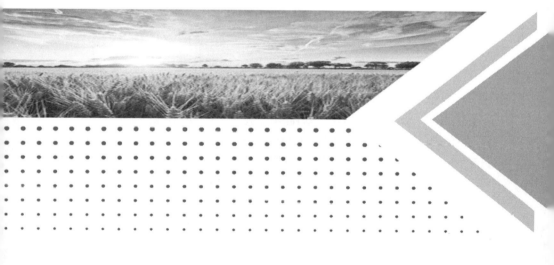

中国财经出版传媒集团

经济科学出版社
Economic Science Press

图书在版编目（CIP）数据

中国农村反贫困财政政策研究/曹润林著.
—北京：经济科学出版社，2019.8
ISBN 978 - 7 - 5218 - 0840 - 7

Ⅰ.①中…　Ⅱ.①曹…　Ⅲ.①农村 – 贫困问题 – 研究 –
中国②扶贫 – 农村经济政策 – 研究 – 中国　Ⅳ.①F323.8

中国版本图书馆 CIP 数据核字（2019）第 189389 号

责任编辑：于海汛　李　林
责任校对：蒋子明
责任印制：李　鹏

中国农村反贫困财政政策研究

曹润林　著

经济科学出版社出版、发行　新华书店经销
社址：北京市海淀区阜成路甲 28 号　邮编：100142
总编部电话：010 - 88191217　发行部电话：010 - 88191522
网址：www. esp. com. cn
电子邮件：esp@ esp. com. cn
天猫网店：经济科学出版社旗舰店
网址：http://jjkxcbs. tmall. com
北京季蜂印刷有限公司印装
710 × 1000　16 开　10.25 印张　160000 字
2019 年 9 月第 1 版　2019 年 9 月第 1 次印刷
ISBN 978 - 7 - 5218 - 0840 - 7　定价：45.00 元
（图书出现印装问题，本社负责调换。电话：010 - 88191510）
（版权所有　侵权必究　打击盗版　举报热线：010 - 88191661
QQ：2242791300　营销中心电话：010 - 88191537
电子邮箱：dbts@ esp. com. cn）

序言一

　　党的十八届三中全会提出"财政是国家治理的基础和重要支柱，科学的财税体制是优化资源配置、维护市场统一、促进社会公平、实现国家长治久安的制度保障"，财政的功能定位被提升到国家治理高度。农村反贫困是一个治理问题，财政是国家治理基础，也是反贫困的重要机制，需要财政发挥支撑性作用。农村贫困问题，牵涉到社会方方面面，事关两个一百年的战略目标能否实现，若解决不好会给我国的可持续发展带来极大的不确定性风险。历史告诉我们，"三农"问题是国家治理的"压舱石"，有效解决农村贫困问题，不断降低社会不确定风险，政府责无旁贷，财政更应积极担当。

　　中央高度重视扶贫开发工作，半个多世纪以来矢志不移地为实现农村脱贫、全面建成小康社会而不懈努力，也投入了大量的财力、物力和人力。尤其是党的十八大以来，更是将脱贫攻坚列为"三大攻坚战"之一，充分彰显了国家"不破楼兰终不还"的决心。在这样的形势背景下，财政如何顺势而为发挥出最大的贫困治理效应尤为重要。

　　本书结合了作者博士后研究工作期间的研究和在极度贫困村担任第一书记的工作经历，立足于国家治理，从"能力贫困""动力贫困"和"地理贫困"三个维度来认识贫困、描述贫困、分析贫困，通过效率测度和实证分析来检验财政政策反贫困效果。同时，以通过切身调研观察的典型案例予以实证，接了"地气"，也能让读者从局部案例中了解到财政反贫困效果以及在政策设计和执行上的优化空间。从实际出发，结合自身经历来深度分析是本书的一大特色。

　　解决问题是理论研究的落脚点，本书从"能力贫困""动力贫困"和

"地理贫困"三个维度提出了相应的政策建议。实际上，农村贫困问题不是一个孤立的社会问题，应从整体观来看待和解决，尽力避免"一叶障目、不见泰山"和"头痛医头脚痛医脚"。为此，作者从加快建立收入监测系统、通过政府购买服务吸引社会组织参与、控制城市高房价增强农村居民家庭教育投资回报预期等角度提出了相关配套政策建议。尽管有些观点值得进一步研究和探讨，但整体观的逻辑思维值得肯定，为更好认识和解决农村贫困问题提供了启发和参考。

全国政协委员

中国财政科学研究院院长

序言二

　　贫困问题是世界各国普遍面临的重点和难点问题，尤其是农村贫困，更是长期以来困扰欠发达和发展中国家的难题。要解决贫困问题，从理论逻辑上看，前提是要弄清楚什么是贫困、如何衡量贫困。只有做到这些，才能精准识别出贫困群体进而把脉问症、开出药方。贫困问题处理不好会危及社会秩序的和谐和国家稳定，因此反贫困是一个社会极为关注的公共问题，需要政府履行好调控的责任，农村反贫困自然也不例外。

　　财政是政府宏观调控的重要政策工具，收入分配又是财政的重要职能之一，农村反贫困问题的公共属性与财政的收入分配职能存在高度的契合。回顾中华人民共和国成立以来中国农村反贫困的历史变迁，很大程度上来说也是政府运用财政政策工具来积极应对的历程。毫无疑问，从我国农村贫困人口不断缩减的现实来看，农村反贫困财政政策成效显著，特别是实施精准扶贫战略以来，政府的财政投入规模和力度前所未有，其政策效果也不断显现。但是，我国疆域辽阔、民族众多，农村贫困问题尤为复杂，随着当下脱贫攻坚的深入推进，最后"一公里"贫困也成为最难啃的"硬骨头"。要有效解决这一问题并巩固好脱贫战果，既需要党和政府的魄力和决心，还需要政策的不断总结和完善来深入推进，正如习近平同志在2012年12月十八届中共中央政治局第二次集体学习时所说，"摸着石头过河，是富有中国特色、符合中国国情的改革方法"。①

　　本书作者曹润林是我指导的博士，在就读博士研究生期间，参与了我主持的教育部哲学社会科学研究重大课题攻关项目《规范收入分配秩序研

---

① 王达阳. "摸着石头过河" 的来历 ［EB/OL］. 人民网，2018－04－09.

究》，农村反贫困也是规范收入分配秩序的重要组成部分，因此，本书选题是沿着这一命题的进一步研究，该书中的一些观点如加快建立健全收入分配监测系统以精准农村反贫困"靶向"对象即是前期研究成果的体现。全书按照"能力贫困""动力贫困"和"地理贫困"的逻辑思路一以贯之，综合运用理论分析和实证检验以及典型案例例证来阐述展开，并提出了相对应的财政政策建议，为农村反贫困财政政策的完善提供了参考。

作者还结合驻村第一书记两年多的切身工作经历，提出了个人的一些认识和观点，如：从"能力贫困""动力贫困"和"地理贫困"三个维度来认识农村贫困；对产业扶持的财政政策不宜一概而论；对农村医疗卫生、涉农补贴的财政政策要优化投入结构，做好"加减法"；要以系统观看待农村反贫困并实施配套财政政策等。如荀子所言，"不登高山，不知天之高也；不临深渊，不知地之厚也"，这些通过贴近基层、深入农村，与贫困群众和基层干部相处两年多时间获得的感悟和思考值得肯定，也希望作者能够继续做到理论与实践的较好结合。

中南财经政法大学校长

2019.8.5

内容摘要

贫困是一个世界性的社会问题，不仅关系到国家的政权稳定和长治久安，还直接威胁到人类社会的可持续发展，因此，反贫困是世界各国国家治理难以回避的重要问题。新中国成立以来，党和政府都高度重视农村反贫困工作，制定出台了一系列脱贫攻坚政策举措。尤其是党的十八大以来，习近平总书记多次深入到贫困农村地区调研，并于 2013 年 11 月 3 日在湖南省湘西自治州花垣县排碧乡十八洞村视察时正式提出了"精准扶贫"施政理念，随后就扶贫开发工作发表了系列重要讲话，要求集中力量打赢全面建成小康社会的扶贫攻坚战，实现到 2020 年贫困人口全部脱贫的战略目标。农村反贫困由此成为党和政府"十三五"期间工作的重中之重，也是全社会广泛关注的焦点。

什么叫贫困，贫困有何内涵？针对贫困，政府责任何在，反贫困背后有哪些理论支撑？中国农村贫困程度如何，其关联特征有哪些？在长期以来政府主导的农村反贫困战略实施下，财政资金投入效率和影响效应究竟怎样？如何优化财政政策，更好发挥出农村反贫困、巩固脱贫成果的功能效应？回答这些问题有着较强的现实意义，这也是本书的研究目标所在。

首先，本书基于文献梳理和深入基层农村一线的调研观察，从能力贫困、动力贫困和地理贫困三个维度剖析阐述了贫困的内涵，认为贫困最终应是一种可以通过货币衡量比较，且其水平未能达到社会公认最低生活支出需要的社会现象。从保证人的基本生存权利角度，要反绝对收入贫困；从维护社会公平、确保社会秩序和谐稳定角度，要反相对收入贫困，因此，绝对收入贫困和相对收入贫困均应是政府反贫困的目标所在，由此奠定了本书的分析基础。进而结合财政职能、国家治理等理论，为政府制定出台农村反贫困的财政政策提供了理论支撑。

其次，本书通过搜集整理相关数据，采用一级、二级多维统计指标描述了中国农村贫困人口状况，包括贫困人口规模、贫困发生率；农村贫困人口地域分布，包括东中西部、连片特困地区；农村居民收入特征，包括农村居民收入构成、城乡居民人均收入差距；农村贫困地区市场经济发展状况，包括产业结构、企业资源、农业现代化程度；农村贫困地区社会事业发展状况，包括教育文化、医疗卫生、公共服务设施等的变化特征，较为直观地揭示了中国农村贫困变迁及其特征。

再次，本书基于政府针对农村能力贫困、动力贫困、地理贫困的财政投入，运用 SMB 模型测算了 2010~2017 年间全国 30 个省份农村反贫困财政政策效率，研究结论表明：整体上全国农村反贫困财政政策效率均值为0.739，还有一定的提升空间；分区域来看，东部地区农村反贫困财政政策效率高于中部地区，中部地区又高于西部地区；天津、上海、浙江、福建、广东等省市的农村反贫困财政政策效率值均达到了 1，云南、陕西、四川和新疆四省区的农村反贫困财政政策效率值则在 0.5 左右，处于全国最低水平。本书通过构建多元回归计量模型观察了不同类型财政支出的农村反贫困影响效应，研究结论表明：农村教育和医疗卫生条件的改善有助于缓解农村贫困问题，教育经费财政投入的农村反贫困效果尤为明显；农村最低生活保障支出未能起到较好的减贫效果；农林水事务财政支出可以改善农业生产条件，具有一定的减贫效应。本书进一步选取能力贫困、动力贫困和地理贫困的典型案例对研究假设进行例证，直观反映了农村反贫困的财政政策效果，也为政策的进一步完善提供了启示。

进而，本书围绕研究主题，从能力、动力和地理三个维度剖析了农村贫困的成因，重点阐述了农村反贫困的作用机制，设计了财政政策农村反贫困路径，包括财政政策对农村能力贫困、动力贫困、地理贫困三个方向，并剖析了其中的内在逻辑作用机理，为政策建议出台厘清了脉络思路。

最后，本书基于理论分析、实证检验和案例分析的研究结论，提出了针对性的财政政策建议。对于能力贫困：大力支持教育发展，不断提升农村贫困家庭人力资本；有"增"有"减"财政投入，科学支持农村医疗卫生事业发展；组织开展有效技能培训，不断提高农村贫困居民劳动技能水平。对于动力贫困：严格农村最低生活保障准入制度，避免滥用低保政策"兜底";统筹整合涉农补贴政策,优化选择扶持方向。对于地理贫困:根据贫困对象实际,财政支持"就近搬迁"或"异地搬迁"模式克服地理贫困。对于农村贫困居民增收:财政扶持产业发展,促使农村贫困居民通过市场机制增收;财政重点支持能够实现农地流转,释放农业产业市场潜力的市场经营主体;财政扶持村级集体经济发展壮大,实现村民共同富裕。

本书还认为,农村反贫困是一个系统工程,应加强配套政策机制建设,包括:加快收入监测系统建设力度,精准贫困对象收入水平;规范财政扶贫资金管理,充分发挥反贫困绩效;政府购买服务,吸引社会组织参与;提高村干部工资待遇,保证各项政策较好贯彻落地;充分结合基层工作实际,因地制宜实施公车改革政策;控制城市高房价,增强农村居民家庭教育投资回报预期。

C目录
Contents

第1章 绪 论

"贫穷是人类最有影响且最巨大的苦难，它是更多痛苦的起源"[1]。回溯人类历史，从某种程度说就是人类对贫困的不断深化认识并与其顽强斗争、不懈追求文明进步的历史，反贫困历程与人类发展史一样时代久远。

1.1 研究背景与意义

1.1.1 研究背景

经过30年的快速增长，中国于2010年一跃成为全球第二大经济体。根据世界经济信息网统计数据显示，2010年中国名义GDP规模达到58786亿美元，到2017年，则一举达到了122427.76亿美元，继续保持全球第二大经济体位置。然而，不可否认的是贫困现象在中国依然存在，尤其是农村贫困问题仍然比较突出。实际上，即使是位列全球经济规模第一的超级大国美国也存在贫困问题。根据美国人口普查局公布的统计报告，2017年美国贫困率为12.3%，贫困人口达3970万人。由于贫困，相当数量的美国青少年正遭受饥饿折磨，不少女孩为此走上歧途，而男孩则为获取食物而盗窃、贩毒，甚至涉足帮派[2]。在日本、英国、德国、法国等发达资本主义国家同样存在不同程度的贫困现象。由此可见，贫困是一个世界性

---

① ［美］约翰·肯尼斯·加尔布雷斯. 贫穷的本质［M］. 倪云松，译. 北京：东方出版社，2014：18.

② 报告显示美国贫困状况依然令人震惊. http：//finance. sina. com. cn/roll/2016 – 09 – 22/doc-ifxwevww1266920. shtml.

的社会问题，不仅关系到国家的政权稳定和长治久安，还直接威胁到人类社会的可持续发展，反贫困是世界各国国家治理不可回避的重要议题。

自中华人民共和国成立以来，为尽快实现共产主义社会的奋斗目标，历届政府都高度重视反贫困问题，但阶段性特征表现不同。在 1949～1977年，由于各种原因，尽管政府未提出明确的反贫困战略，但实施的高度集中计划经济模式其出发点也是消除贫困、快速实现共同富裕，然而，在"重工轻农"优先发展工业的政策导向下，一定程度上恶化了农村的贫困程度，也成为城乡"二元"不均衡发展格局的历史原因。在 1978～1985年，也就是十一届三中全会以后，中央政府转变了对贫困的认识态度，开始明确制定反贫困政策。1980年，中央财政设立第一笔与反贫困相关的"支援经济不发达地区发展资金"。1982年，中央财政设立了"三西"农业建设专项补助资金，重点支持甘肃省定西区、河西地区和宁夏回族自治区西海固地区的农业发展。1984年，中央政府发布《关于尽快改变贫困地区面貌的通知》，提出集中力量解决 18个连片贫困地区的贫困问题。同时，在此阶段，在中国广大农村地区开展了家庭联产承包责任制的土地改革，将土地经营权赋予农民，极大解放了农村生产力，农民的贫困问题得到极大缓解。在 1986～1993年，中央政府初步形成了反贫困政策体系。1986年，全国人民代表大会第六届四次会议首次把"反贫困"明确纳入《中华人民共和国国民经济和社会发展第七个五年计划》，并将"老、少、边、穷"地区作为反贫困重点。同年，国务院成立"贫困地区经济开发领导小组"，直接负责制定全国性扶贫规划和具体指导方案，并对传统的救济式扶贫彻底改革，确定了经济开发式扶贫方针。在 1994～2000年，中央政府针对制度性贫困人口不断减少，而"地缘性"贫困是剩余贫困人口的主要特征实际，于 1994年3月公布了《国家"八七"扶贫攻坚计划》，标志着中国农村反贫困进入"扶贫开发"的攻坚阶段，"国务院贫困地区经济开发领导小组"也更名为"国务院贫困地区扶贫开发领导小组"。1996年，中共中央、国务院联合召开全国扶贫工作会议，出台了《关于尽快解决农村贫困人口温饱问题的决定》。1999年，中央再次召开全国扶贫工作会议，做出《关于进一步加强扶贫开发工作的决定》。在 2001～2010年，中央政府实施全方位开发式反贫困战略。2001年，中央扶贫开发工作会议召开，颁布了《中国农村扶贫纲要（2000－2010年）》，明确了 21 世纪第一个 10 年农村扶贫开发的目标、基本方针、重心所在、战略举措。

2011 年至今，中国农村反贫困进入了最后"一公里"的决战决胜阶段。2011 年 5 月，中央审议通过《中国农村扶贫开发纲要（2011 - 2020）》。党的十八大以来，习近平总书记多次深入到贫困地区调研，于 2013 年 11 月 3 日在湖南省湘西自治州花垣县排碧乡十八洞村视察时首次正式提出了"精准扶贫"的施政理念，并就扶贫开发工作发表了一系列重要讲话，要求集中力量打赢全面建成小康社会的扶贫攻坚战，实现到 2020 年贫困人口全部脱贫的战略目标，精准扶贫也由此成为本阶段农村反贫困的鲜明特征。根据国家统计局最新统计数据显示，2017 年中国城镇化率达到了 58.52%，但也有专家指出，如果以户籍为标准，中国的城镇化率实际仅 30% 多，这意味着中国农村人口依然是人口构成的主体。因此，中国的贫困主要是农村的贫困，实现农村全面脱贫是打赢脱贫攻坚战的关键。2020 年距今不到 2 年时间，已进入倒计时阶段，时间之紧迫足见任务之艰巨，脱贫攻坚由此成为全社会最为关注的焦点，也是党和政府工作的重中之重。

1.1.2　研究意义

2019 年 2 月 19 日，中央一号文件《中共中央　国务院关于坚持农业农村优先发展做好"三农"工作的若干意见》公布，明确指出坚持把解决好"三农"问题作为全党工作重中之重不动摇，进一步统一思想、坚定信心、落实工作，巩固发展农业农村好形势，发挥"三农"压舱石作用，为有效应对各种风险挑战赢得主动，为确保经济持续健康发展和社会大局稳定、如期实现第一个百年奋斗目标奠定基础。这是改革开放以来第 21 份以"三农"为主题的一号文件，也是自 2004 年以来，中央一号文件连续第 16 次聚焦"三农"，足见长期以来中央政府对农村工作的高度重视。财政是政府重要的宏观调控工具，具有资源配置、收入分配、经济稳定与发展职能。党的十八届三中全会进一步提出，"财政是国家治理的基础和重要支柱，科学的财税体制是优化资源配置、维护市场统一、促进社会公平、实现国家长治久安的制度保障"，可见，财政的功能定位被提升到新的历史高度。伴随着中国公共财政收入的快速增长，公共财政支出有了坚实的基础保障，财政职能发挥也有了更广阔的空间。

在长期以来政府主导的农村反贫困战略实施、连续多年聚焦"三农"的中央一号文件指导下，各级政府涉农财政投入规模不断扩大并呈增长之势。那么，为什么中国农村贫困问题仍然没有较好的解决？尤其是从精准扶贫战略部署实施以来，中央到地方各级政府层面，都制定出了一系列财政政策来助推农村反贫困政策目标的实现，并且投入了大量的财政扶贫资金。同时，从政治层面，为确保如期实现脱贫目标，相当部分省份对贫困地区党政领导实行"不脱贫、不调整""不如期脱贫不得提拔"的政绩考核机制，"脱贫摘帽"已成为他们头上的"紧箍咒"，必须作为重心工作来深入、扎实推进。

尽管伴随着我国经济实力不断增强，公共财政收入规模也在不断扩大增长，但是，受国内外各种复杂因素影响，当前我国经济形势正处于"减速换挡、提质增效、动力转换"的新常态时期，GDP、财政收入增速均有所下降趋缓。而教育、就业、医疗、社会保障等各方面民生刚性财政支出依然呈不断增长趋势，财政收支两者间存在着较为严峻的"紧"与"张"之间的矛盾压力。可见，公共财政资源依然是有限的，并且其作用空间在理论上也应是有边界的。因此，在中国农村反贫困领域，如何科学合理界定公共财政支出范围、严格规范使用财政扶贫资金，从而保证扶贫产出绩效最大化；如何避免在"脱贫摘帽"考核压力下可能存在的政绩冲动进而导致的财政行为冲动显得尤为必要和重要。

1.2 文献梳理与评述

结合研究主题，笔者基于"贫困、财政政策的反贫困效应、反贫困的财政政策"等关键词梳理了相关研究文献，以便于我们清晰地了解关于本课题的研究进展及现状，为更好地深化研究奠定分析基础。同时，也期望本书能够在已有的研究成果上有所突破，为中国农村反贫困提出更好的政策建议。

1.2.1　文献梳理

1. 关于贫困的研究

贫困概念最初是从经济层面来界定的，英国学者朗特里（1901）最早对贫困给出了较为确定的定义，认为当一个家庭的总收入不足以支付仅仅维持家庭成员基本生存所需的最低生活必需品开支，这个家庭陷入了贫困状态，即收入贫困[①]。据此，他测算出了最低生活支出—贫困线水平。由于家庭收入和支出均能够通过货币准确衡量，以贫困线作为贫困标准的概念也被广泛得以应用至今。但是，一些学者认为受地理气候环境、工作生活习惯以及身体条件等因素影响，满足不同家庭的最低收入和最低支出存在较大差异。伴随着人类社会的发展进步，绝对贫困人口规模在不断下降，相对贫困越来越受到关注。美国经济学家劳埃德·雷诺兹认为年收入相对全国全部家庭的平均数即是相对贫困[②]。世界银行也指出"相对贫困是指某人或某家庭与本国的平均收入相比，相对贫困线随着平均收入的不同而不同"[③]。阿马蒂亚·森（1981）[④] 运用权利方法分析了饥饿，将饥饿看作是未被赋予取得一个包含有足够食物消费组合权利的结果，饥饿属于贫困的具体表现，因此，贫困被视为是权利缺失的结果。权利体系主要包括：（1）以贸易为基础的权利。一个人有权拥有通过自愿交易所得到的东西；（2）以生产为基础的权利。一个人有权拥有用自己的资源或在自愿基础上使用雇佣来的资源进行生产；（3）自己劳动的权利。一个人有权拥有自己的劳动能力，并进而有权拥有与自己劳动能力有关的以贸易为基础的权利，以及以生产为基础的权利；（4）继承和转移权利。一个人有权继承和接受赠与具有合法所有权的物品。童星、林闽钢（1994）[⑤] 认为贫困是经济、社会、文化落后的总称，是由低收入造成的缺乏生活所需的基本物

---

① 2000～2001 年世界发展报告——与贫困作斗争 ［M］. 北京：中国财政经济出版社，2001：17.
② ［美］劳埃德·雷诺兹. 微观经济学 ［M］. 商务印书馆，1984：431.
③ 世界银行. 贫困与对策 ［M］. 北京：经济管理出版社，1996：2.
④ 阿马蒂亚·森. 贫困与饥荒 ［M］. 王宇，王文玉，译. 北京：商务印书馆，2012：45.
⑤ 童星，林闽钢. 我国农村贫困标准线研究 ［J］. 中国社会科学，1994（3）：86 – 87.

质和服务以及没有发展的机会和手段这样一种生活状况。根据贫困程度则可划分为绝对贫困和相对贫困，其中：绝对贫困是指基本生活没有保证，温饱没有解决，简单再生产不能维持或难以维持的状态。相对贫困则是指社会个体温饱问题基本解决，简单再生产能够维持，但其生活状况低于社会公认的基本生活水平，缺乏扩大再生产的能力或能力很弱的状态。阿马蒂亚·森（1999）[①] 提出了能力贫困理论，将贫困界定为可行能力的被剥夺，贫困意味着贫困人口缺少获取和享有正常生活的可行能力。其中：可行能力是实现各种可能的功能性活动组合的实质自由，既包括满足基本生存需要的物质营养，还包括教育、医疗保健、政治参与、拥有自尊等自由，可行能力贫困完全不否定低收入是贫困的主要原因之一。权利贫困则是能力贫困产生的根本原因。郭熙保（2005）[②] 认为贫困的基本内涵可归结为两种形式的剥夺：一种是生理形式的剥夺，包括营养、健康、教育、住所等物质或生理上的基本需要无法得到满足；第二种是社会形式的剥夺，包括脆弱性、无发言权、社会排斥等，两者相互补充、相互影响、相互作用而非相互替代关系。徐贵恒（2008）[③] 认为能够凸显新世纪贫困特征的是人文贫困，人文贫困是一个综合性概念，包括生存能力贫困、发展能力贫困和权利贫困，其核心是从主体的角度强调对人类基本权利和能力的剥夺，强调贫困具有多元性质。王文略等（2015）[④] 将贫困定义为缺乏抵御风险的能力及没有把握获得更好生活的机会。其中：风险冲击是造成贫困的重要因素，机会缺失是脆弱群体无法摆脱贫困的重要阻碍。

2. 关于财政政策的反贫困效应研究

郭劲光、高静美（2009）[⑤] 基于1987～2006年统计数据实证分析了扶贫基础设施投资的农村反贫困效应，研究表明：提高农村基础设施的数量

---

① 阿马蒂亚·森. 以自由看待发展 [M]. 任赜，于真，译. 北京：中国人民大学出版社，2012：88.
② 郭熙保. 论贫困概念的内涵 [J]. 山东社会科学，2005（12）：49～54.
③ 徐贵恒. 人文贫困的提出及其内涵 [J]. 内蒙古民族大学学报（社会科学版），2008（4）：97.
④ 王文略，毛谦谦，余劲. 基于风险与机会视角的贫困再定义 [J]. 中国人口·资源与环境，2015（12）：150.
⑤ 郭劲光，高静美. 我国基础设施建设投资的减贫效果研究：1987～2006 [J]. 农业经济问题，2009（9）：63～70.

和质量会降低农村地区的贫困发生率。解垩[①] (2010) 基于 1989 ~ 2006 年中国健康与营养调查的农户数据，研究发现：公共转移支付对降低农村贫困并没有较大影响，其原因可能是财政资金漏损到非贫困者手中，贫困瞄准机制有待完善改进。张全红 (2010)[②] 基于国家统计局公布的 1985 ~ 2005 年农村住户调查数据，采用向量自回归模型来分析农村扶贫资金的减贫效果，研究发现：中国农村扶贫资金没有成为促进农村贫困减少的重要因素，非贫困人口从扶贫项目中的受益可能更多。樊丽明等 (2010)[③] 基于 2005 年和 2008 年宁夏西海固八个重点贫困县农村贫困监测数据，研究表明："整村推进"项目实施缩小了项目村和非项目村之间的差异，"扶贫到户"缩小了贫困户与非贫困户之间的差异；有效地实施"整村推进、扶贫到户"政策，将抵消由于经济增长带来的收入分配扩大效应，能够在长期内起到减缓和消除贫困的作用。罗知 (2011)[④] 利用 1996 ~ 2006 年中国省际数据构建联立方程组模型，研究发现：由于区域贫困特征不同，不同地方政府财政支出项目减贫效果也存在差异。对于东部和中部地区的贫困人群，加大科学、教育、文化等能力贫困方面的财政支出是减贫重要举措；对于西部地区贫困人群，改善其生产生活条件，提高社会福利救济费、社会保障补助等财政补贴支出减贫效果更好。郭黎安 (2012)[⑤] 基于 2002 ~ 2011 年中国农村贫困监测数据，运用 DEA - Malmquist 指数分析法，对中国农村扶贫开发财政资金进行了绩效评价，研究表明：财政扶贫资金没有及时转化为生存力，而且财政扶贫资金还存在拨付不及时问题，影响了财政资金效率发挥。赖玥、成天柱 (2014)[⑥] 基于 2001 ~ 2010 年全国 1976 个县的面板数据，从财政扶贫带来的财政激励效应角度对扶贫资金使用效率进行研究，研究表明：贫困县的财政激励效应低于非贫困县，财政

---

① 解垩. 公共转移支付和私人转移支付对农村贫困、不平等的影响：反事实分析 [J]. 财贸经济，2010 (12)：56 - 61.

② 张全红. 中国农村扶贫资金投入与贫困减少的经验分析 [J]. 经济评论，2010 (2)：42 - 50.

③ 樊丽明，杨国涛，范子英. 贫困地区收入不平等的决定因素：基于西海固农户数据的分析 [J]. 世界经济文汇，2010 (3)：105 - 119.

④ 罗知. 地方财政支出与益贫式经济增长——基于中国省际数据的经验研究 [J]. 武汉大学学报，2011 (3)：75 - 80.

⑤ 郭黎安. 中国农村扶贫开发财政资金的绩效评价——基于 DEA - Malmquist 指数的分析 [J]. 财政监督，2012 (18)：33 - 35.

⑥ 赖玥，成天柱. 财政扶贫的效率损失——基于财政激励视角的县级面板数据分析 [J]. 经济问题，2014 (5)：33 - 37.

扶贫资金存在效率损失，而定向转移支付比重过大导致贫困县政府公共支出决策权丧失可能是效率损失的主要原因。此外，长期政策照顾贫困县使其形成的财政依赖也可能降低了扶贫资金的使用效率。张铭洪等(2014)[①] 基于2003~2010年国家扶贫工作重点县数据，运用综合评价法对公共财政扶贫支出绩效进行了实证评估，研究结果表明：我国公共财政扶贫支出的绩效水平基本呈持续上升趋势，但是，农户人均纯收入与全国农村平均水平差距并没有缩小。徐爱燕、沈坤荣(2017)[②] 利用我国29个省级地区面板数据，通过实证检验发现：经济性财政支出和社会性财政支出均对农村减贫产生了正面效果，其中经济性财政支出的效果更加明显。进一步发现，在经济性财政支出中，支持农业生产支出减贫效果最大，基本建设支出次之，科技三项经费支出效果并不明显；在社会性财政支出中，社会救助支出的效果明显弱于教育经费支出。贺雪峰(2017)[③] 认为在"运动式扶贫"中，地方政府投入的极大财政资源和行政资源，效果并不明显，相反贫困户在内的农户主体性丧失，地方政府包办代替不仅仅是浪费了很多资源，而且可能增加农村社会内部的矛盾，造成农村治理能力的弱化，导致国家在农村基层的威望下降。

3. 关于农村反贫困的财政政策研究

方黎明、张秀兰(2007)[④] 认为相当数量的农村真正贫困人口没有能力从开发式扶贫项目中受益，政府应该注重提高其应对贫困风险的能力，将扶贫关口前移，把更多的财政资金投入到提升农民教育和健康水平中，不断提高农民自身获取收入、预防和应对贫困风险的能力。姜爱华(2008)[⑤] 通过对政府开发式扶贫资金投放效果的评价分析，认为扶贫资金应由政府提供，但扶贫资金运作可引入市场机制。同时，基础设施、教育、卫生、环境保护投入对反贫困具有长效作用，但要注重提高资金投入

① 张铭洪，施宇，李星. 公共财政扶贫支出绩效评价研究——基于国家扶贫重点县数据 [J]. 华东经济管理，2014 (9)：39 - 42.
② 徐爱燕，沈坤荣. 财政支出减贫的收入效应——基于中国农村地区的分析 [J]. 2017 (1)：116 - 121.
③ 贺雪峰. 中国农村贫困问题研究：类型、误区及对策 [J]. 社会科学，2017 (4)：63.
④ 方黎明，张秀兰. 中国农村扶贫的政策效应分析——基于能力贫困理论的考察 [J]. 财经研究，2007 (12)：47 - 57.
⑤ 姜爱华. 我国政府开发式扶贫资金投放效果的实证分析 [J]. 中央财经大学学报，2008 (2)：13 - 18.

使用效率，避免资金投入与实际使用相脱节。宋宪萍、张剑军（2010）[1]
认为要从根本上消灭贫困，必须是以培育贫困地区自主脱贫能力的"造血
式"扶贫，而不是单纯给钱给物的"输血式"扶贫，为此，要通过加大
贫困地区义务教育、科技推广应用、为贫困人口直接提供基本公共卫生服
务等方面财政投入力度，以此提高贫困人口的自身能力。章元等
（2012）[2] 基于中国江苏、浙江、山东、山西和上海5个省份1995~2002
年的农户面板数据，研究发现：样本农户的总贫困主要由慢性贫困而非暂
时性贫困构成，因此，中国扶贫的重点应集中于降低慢性贫困而非暂时性
贫困，政府要注重对贫困家庭在教育、健康和生产技术等方面予以支持，
农村社会保障体系则非最佳政策选择。张立冬[3]（2013）基于1988~2008
年中国家庭健康与营养调查数据，研究发现：中国农村存在非常显著的贫
困代际传递现象，教育和非农就业对于破除贫困代际传递则具有重要的积
极作用。为此，政府应重点加强对农村贫困家庭子女的教育投资，努力为
其创造更多非农就业机会，并加强相关职业教育和就业技能培训。程名望
等[4]（2014）基于2003~2010年全国农村固定观察点微观住户数据，研究
发现：从收入增长视角，可以理解为降低绝对贫困，重视贫困户人力资本
积累，包括提高贫困户的健康水平、教育水平和职业技能等举措有利于中
国农村减贫；从收入差距缩小视角，可以理解为降低相对贫困，减贫的政
策取向应该是优先选择提升农户健康水平而非教育。欧阳煌等[5]（2015）
认为当前财政扶贫治理困境存在扶贫治理机制不完善、扶贫政策资源耗
散、扶贫边际效益递减等问题，为此，要厘清财政扶贫治理的思路：一是
要建立精确识别、合理退出机制，保证财政扶贫资金作用对象精准；二是
要建立精准施策、重点扶持的机制，保证财政扶贫资金能够把握重点，对
症下药；三是要建立精细管理、整合资源机制，避免各自为政以形成扶贫

---

① 宋宪萍，张剑军. 基于能力贫困理论的反贫困对策构建 [J]. 海南大学学报，2010（1）：69-73.

② 章元，万广华，史清华. 中国农村的暂时性贫困是否真的更严重 [J]. 世界经济，2012（1）：144-160.

③ 张立冬. 中国农村贫困代际传递实证研究 [J]. 中国人口·资源与环境，2013（6）：45-49.

④ 程名望，Jin Yanhong，盖庆恩，史清华. 农村减贫：应该更关注教育还是健康？——基于收入增长和差距缩小双重视角的实证 [J]. 经济研究，2014（11）：130-142.

⑤ 欧阳煌，李思，祝鹏飞. 关于新时期财政扶贫治理困境及破解的思考 [J]. 财政研究，2015（12）：90-93.

合力。蔡亚庆等① (2016) 基于代表不同类型农业生产区的浙江、湖北、云南三省1362户农户持续10年的微观调研面板数据，研究表明：一是人力资本和社会资本是农户个体脱离持续性贫困的重要影响因素，为此，政府要继续加大对贫困地区的教育投入；二是收入风险和增收渠道限制是造成农户持续贫困的原因之一，对此，国家需要加大政策支持力度，进一步建立和完善针对农作物、畜产品和农民收入的风险保障计划。元林君② (2016) 针对中国民族地区农村贫困面广、贫困发生率高、返贫率高、脱贫难度大特点，认为要更加注重发挥社会政策的基础性保障作用：一是要以救济式扶贫为主，发挥社会救助制度的兜底性作用，但是，农村低保制度重点覆盖的应是失去劳动能力人口，医疗救助、灾害救助等解决的是贫困人口遇到的灾难性问题。二是要明确各级财政对民族地区农村贫困人口参加新农保、新农合的补助责任，探索建立基于家计调查的非缴费型养老金制度。三是建立面向老人、妇女、儿童、残疾人等弱势群体的家庭津贴制度，改善其营养结构，保障其发展权。贺雪峰③ (2017) 认为农村反贫困应将扶贫资源主要用于农村基础设施和基本公共服务建设，为无法进城务工的农户家庭提供相对较好的农业生产条件，让农户有更加便利的与外部联系的途径，而不应当用于支持具体贫困户发展产业，产业只能"扶富"而难以扶贫。解决贫困问题的根本办法还是要靠制度、靠市场，而不能靠地方政府的"运动式治理"。揭子平、丁士军④ (2018) 认为滇桂边境地区农户贫困程度深重，扶贫需求与扶贫资源矛盾突出，政府需要进一步在交通改善、旧房改造、生态移民搬迁加大政府财政投入。同时，要继续发放边民生活补助，并保持补贴金额稳定增长，以弥补边民为保卫边疆做出的特殊贡献。林闽钢⑤ (2018) 针对我国弱势群体如何脱贫，认为政策目标不能仅局限于保障基本生存需要，需要提升到重视治本脱贫与发挥人的潜能上。对激活弱势群体的政策设计，需要遵循"两个确保"：一是

① 蔡亚庆，王晓兵，杨军，罗仁福. 我国农户贫困持续性及决定因素分析——基于相对和绝对贫困线的再审视 [J]. 农业现代化研究，2016 (1)：9－16.

② 元林君. 民族地区的贫困问题与反贫困战略 [J]. 行政管理改革，2016 (4)：59－63.

③ 贺雪峰. 中国农村贫困问题研究：类型、误区及对策 [J]. 社会科学，2017 (4)：62－63.

④ 揭子平，丁士军. 滇桂边境民族地区贫困的特殊性及反贫困对策——以云南梁河县和广西防城区为例 [J]. 中南民族大学学报 (人文社会科学版)，2018 (1)：93.

⑤ 林闽钢. 新历史条件下"弱有所扶"：何以可能，何以可为？[J]. 理论探讨，2018 (1)：46.

确保没有劳动能力的对象基本生活得到长期的综合性保障，使这部分最困难人群生计有保障、发展有计划、能力有提高；二是确保法定年龄范围内且有劳动能力的对象基本生活得到暂时的过渡性保障。

1.2.2 文献评述

1. 关于对贫困内涵的理解

通过文献梳理，可以发现国内外理论界伴随着经济社会的发展变迁，对贫困的理解也不断丰富，包含绝对贫困、相对贫困、权利贫困、能力贫困、生理形式和社会形式剥夺、人文贫困、风险抵御和机会把握能力缺乏等观点，这些观点从不同角度来认识和理解贫困都有一定的合理性。但是，笔者认为贫困的本质内涵应该是相对不变的。一些观点存在一定的时代局限性。比如权利贫困论，随着人类社会文明的进步，民众的权利意识在不断觉醒，至少在世界上绝大部分国家，无论是执政党，还是政府对民众的合理权利诉求愈来愈尊重，为此，也出台了一系列保护民众诸如生存权、集会权、言论权、知识产权等权利的法律制度，民众的权利不断被赋予、被丰富。一些观点还存在一定的主观价值判断，比如风险抵御和机会把握能力缺乏观点，民众何种状态情形才算风险抵御能力强、机会把握能力突出？即使拥有高学历、多财富的社会群体，也很难判断其机会把握能力是否突出。况且，自我国古代流传至今还有"塞翁失马焉知非福"之说。因此，笔者认为贫困终究应是可以通过货币衡量的社会现象，收入贫困才是贫困的本质表现所在，权利贫困、能力贫困等理论观点反映的是贫困的原因而非本质表现。

2. 关于对财政政策反贫困效应的理解

理论界观点不一，部分研究结果认为财政扶贫政策通过改善贫困地区基础设施、教育硬软件环境、医疗卫生条件、社会保障待遇等措施，提高了贫困人口的收入水平，极大减少了贫困人口规模，取得了反贫困的显著成效，但也有一些研究成果表明财政扶贫政策并没有取得有效预期成果，既表现为扶贫资金效率低下导致扶贫产出绩效不高，甚至还对相对贫困的扩大有着负面效应，即存在"靶向不准"导致扶贫资金外溢到非贫困人口问题。的确，财政政策反贫困效果是否明显、效率是否高、产出是否大等研究结论受到学者所采用的样本数据、运用的研究方法等因素影响，难以评判哪家研究结论为真、哪家为伪，有待通过更科学的分析手段、更深入的实地调查研究来洞察，这也为对该命题的进一步研究提供了价值所在。

3. 关于对中国农村反贫困财政政策的理解

学界对此开出了较多的"药方"，各自侧重点也不一。有建议优先改善贫困地区基础设施条件，有建议持续加大财政性教育经费投入，有建议应优先提升健康投入而非教育投入，有建议加大科技推广力度，也有建议加强社会保障投入发挥政策"兜底"功能，还有的从财政扶贫资金管理上提出了相关政策建议。实际上，农村贫困地区地理环境、区位条件、资源禀赋不同，造成贫困的原因也存在较大差异。同时，随着经济社会的不断发展，农村贫困地区的内外部环境也发生了较大变化。如何较好地实现中国农村反贫困，笔者认为该命题是一个复杂系统工程，既要有系统整体观，要从内外部综合观察、分析，也要有个体局部观，应充分考虑中国各地农村贫困的实际特点，采取差异化政策予以应对。

1.3　研究目标与技术路线

1.3.1　研究目标

基于半个多世纪以来政府主导的农村反贫困历史背景，立足于当下精准扶贫战略的实施，如何科学设计和执行财政政策，充分发挥财政职能以较好的实现中国农村反贫困并确保脱贫成果巩固是本书的目标所在。本书主要目标有：

研究目标1：经过了长时期、多阶段的农村反贫困政策举措，现如今中国农村贫困程度到底如何、呈现出哪些特征?

研究目标 2:长期以来政府制定出台的一系列财政扶贫政策及财政资金投入,其农村反贫困效率究竟怎样、东中西部地区又各自如何?

研究目标 3:政府针对农村能力贫困、动力贫困和地理贫困等领域的财政支出,是否取得了预期政策影响效应?

研究目标 4:财政作为国家治理的重要工具,其农村反贫困的作用路径是什么、现行农村反贫困财政政策设计与执行是否存在国家治理风险隐患?

研究目标 5:要顺利实现中国农村贫困居民"脱真贫、真脱贫"以及"稳脱贫"的战略目标,财政政策设计、执行要重点注意哪些方面?

1.3.2 技术路线

为清晰描述本书的研究思路,下面通过图 1-1 来展示研究视角、研究路径、技术方法和研究目标。

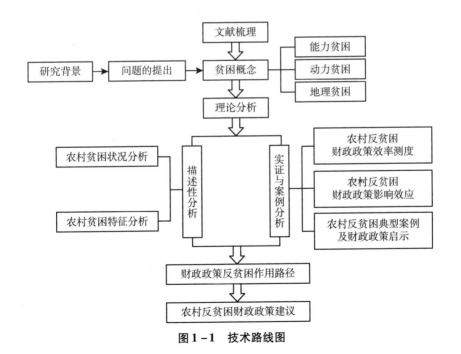

图 1-1 技术路线图

1.4 研究方法

1. 文献研究方法

笔者充分利用图书、期刊和报纸等文献资料，并对相关统计年鉴、电子数据库进行检索，最大限度地搜集相关研究资料以跟踪了解国内外理论界对该命题的研究进展，避免"坐井观天"导致重复无突破研究。同时，通过对已有研究成果的梳理归纳，从中发现规律、获得启示。

2. 理论分析研究方法

本书涉及贫困、反贫困和财政职能定位等研究命题，这些研究命题背后蕴含了经济学、政治学、管理学、心理学等学科理论知识。从理论上深入剖析其内在逻辑机理，将这些分散的研究命题综合成为一个系统的研究对象，有助于贫困、反贫困和财政职能等理论的进一步深化和拓展。

3. 调查研究方法

笔者通过深入到中国农村贫困地区，重点是连片特困地区，实地调研走访农村贫困群众、基层干部以及政府部门，直观观察了解中国农村贫困现状、表现特征、贫困原因和现行农村反贫困财政政策及相关制度设计，通过充分"接地气"获取最原始、最真实的典型案例及相关信息资料，以使研究结论能够较好地反映实际问题，提出的政策建议也更具针对性和可操作性。

4. 实证分析方法

本书基于中国农村反贫困财政政策效应是否最大化发挥为假设前提，通过效率测度、多元回归等实证分析方法来检验政策实施效果，进而为优化财政政策设计、执行，更好发挥其农村反贫困效应提供参考依据。

第2章　概念界定与理论分析

本章首先将界定贫困的概念、内涵以及贫困的标准，以此奠定全书的分析基础，然后，立足于财政职能、国家治理、财政政策角度进行理论上的阐述分析，既为后文的研究假设提供理论支撑，也为制度政策的设计制定提供理论依据。

2.1　概念界定

2.1.1　贫困

通过第1章绪论中对贫困概念较为系统的文献梳理，可以看到贫困是一个全球性话题，是国内外理论界普遍关注的研究命题。伴随着经济社会环境的变化，理论界对贫困的理解也在不断深化拓展，先后有收入贫困论、相对贫困论、权利贫困论、能力贫困论、人文贫困论等观点，这些观点从不同角度认识理解了贫困，都有其独到见解之处。笔者认为，尽管时过境迁一事物的外在表现可能很多，但是，其本质应是相对稳定的，贫困的概念自然也不例外。

笔者立足于文献梳理，并结合对贫困现象长时间的实地社会调查，认为贫困的内涵可归纳总结为能力贫困、动力贫困和地理贫困三个方面，收入贫困则是前三者导致的结果，是最后表现出来的外在现象。具体来说：能力贫困主要是因为先天智力低下、教育文化素质偏低、劳动技能欠缺、身体健康缺乏导致贫困者获取收入的劳动能力或发展能力欠缺，典型表现为"有心无力"状态，理论界关于教育贫困、健康贫困等观点应归属在能力贫困范围内；动力贫困主要是因为贫困者自身缺乏努力改变收入现状的内生性动力，处于"等、靠、要"依赖思想严重的被动消极状态，典型表现为"有力无心"状态；地理贫困主要是指受地理环境、交通条件、资源禀赋等客观条件所限，贫困者提升收入的难度、成本非常大，远远超出了自身能力范围，典型表现为"力所不逮"状态。因此，笔者将贫困的概念界定为因能力贫困、动力贫困或地理贫困，导致贫困者收入水平未能达到社会公认最低生活支出需要的一种社会现象。其中：能力贫困、动力贫困属内因，地理贫困属外因，内因是关键、是事物变化的根据，外因则是事物变化的条件。

实际上，在任何一个时代，贫困永远属于那些因能力贫困、动力贫困或地理贫困，导致收入水平低下的社会群体。即使在古代"家天下"的君主制政体下，由于"普天之下莫非王土、率土之滨莫非王臣"而且推行皇权世袭，社会民众并无真正意义上的个人权利。在封建专制剥削下，当民众处于生存的边缘状态时，如果那些有能力、有动力的贫困群体发出"王侯将相、宁有种乎"的呐喊，一旦成功即可成为统治者随即改变贫困状态，这样的历史人物不胜枚举。在人类文明不断发展进步的今天，可以说在世界上绝对大部分国家，民主法制建设均得到了极大规范，社会民众有了充分的劳动自由、流动自由、言论自由，只要有能力、有动力，能够克服地理环境劣势，社会个体通过自身努力一般不会陷入贫困状态之中。

不难看出，上述概念体现的是绝对收入贫困，这也应是贫困最基本、最本质的内涵所在，即能够维持人类生存的基本生活需要标准。但是，当整个社会所有人物质生活资料极大丰富，即消除绝对收入贫困后，是可能存在收入不平衡的相对贫困现象的。比如"哑铃型"收入分配格局，一端是极度富裕群体，另一端就是相对贫困群体了，这种分配格局不利于社会和谐稳定，"不患寡而患不均"描述的就是相对贫困状态下民众的社会心理，很容易引发两端群体间的相互冲突对抗。此时，为保证社会秩序的稳定，是非常有必要控制相对贫困的程度，相对贫困描述的则依然是一种可以通过货币衡量比较的收入现象。

从保证人的基本生存权利角度，要反绝对贫困；从维护社会公平、确保社会秩序和谐稳定角度，要反相对贫困。因此，绝对贫困和相对贫困均应是政府反贫困的目标所在。在一系列反贫困政策的有效实施下，绝对贫困人口规模将会不断减少。如果政府的政策目标继续局限于绝对贫困，而忽视对相对贫困的调控，会造成新的社会问题，这些社会问题如果得不到及时控制，会给国家治理带来诸多风险隐患。随着科技的发展、民主的进步，在无战争、重大自然灾害等外部因素冲击下，绝对贫困现象终究会成为人类的历史，相对贫困则将会成为人类社会长时期的主题。实际上，政府通过科学的政策设计、严格的政策执行，在反相对贫困时完全可以同时收到反绝对贫困的政策效果。

2.1.2　贫困的标准

前文对"什么是贫困"进行了概念界定和内涵阐释，那么，究竟"谁是贫困者"则需要一个具体的衡量标准，通常采取贫困线来衡量。

对于贫困线，国内外理论界有绝对贫困线和相对贫困线划定标准。绝对贫困线是指满足人的基本生理需要的收入或支出水平，相对贫困线是与一国平均收入或支出水平相比较的结果。不同国家经济发展程度不同，民众的需求层次也不同，与之相对应社会关注的方向、政府调控的重点各有侧重。绝对贫困线常常被发展中国家采用，相对贫困线则多被发达国家采用。但无论是绝对贫困线，还是相对贫困线，受消费结构、市场物价、工资收入水平等因素影响，贫困线标准是动态而非恒定的。基于本书对贫困的概念界定，并结合中国的现实国情，采取的是绝对贫困线标准。而人的基本生理需要不仅包括基本食物需要，还包括维持基本衣着、住房、医疗、教育等非食物需要。因此，绝对贫困线又常常被分解为食物贫困线和非食物贫困线。

对于食物贫困线，常采取食物能量法：先确定维持人基本生存需要的热量摄入量，国际上通常把 1800 千卡热量作为生存的极限标准，中国营养学会专家计算的维持中国农村贫困人口每日生存热量的最低值则为 2100 千卡。确定最低热量摄入量后，根据居民食物消费偏好结构、数量和相应的市场价格可计算出最低食品消费支出市场价值，即食物贫困线。

对于非食物贫困线：简单方法是主观地确定食物贫困线在整体贫困线中的比例，也可以参照整个社会的恩格尔系数或低收入人群的恩格尔系数来确定这一比例。中国农村非食物贫困线采用恩格尔系数法，恩格尔系数衡量的是家庭食品消费支出占全部消费支出的比例，系数越大表示家庭收入越低、生活越贫困，通过恩格尔系数可以间接估算非食物支出水平。1995 年以前，政府在确定非食物贫困线时，恩格尔系数值为 60%。1995年以后，国家统计局采纳世界银行建议，根据食品消费支出函数回归模型计算低收入人群的非食物消费支出。

关于贫困标准，有国际贫困标准，主要由世界银行研究发布。目前，世界银行常用的有两条标准：一条是每人每天 1.9 美元，是全球 15 个最穷国家贫困标准的平均值，大致相当于基本温饱水平；另一条为每人每天3.1 美元，为发展中国家贫困标准的中位数，大致相当于稳定温饱水平，两条标准均以 2011 年为价格基期。改革开放以来，中国共采用了三条农村贫困标准，分别为"1978 年标准""2008 年标准""2010 年标准"，具体贫困标准值如表 2 - 1 所示。其中："1978 年标准"是按 1978 年价格计算能够保证每人每天 2100 千卡热量的摄入量水平，为每人每年 100 元，该标准食物支出比重占 85%，但食物质量较差，只能免于饥饿。"2008 年标准"实际上自 2000 年开始使用，是在"1978 年标准"基础上，将食物支出比重降低到 60% 而相应扩展了非食物部分，可基本保证"有吃、有穿"，按 2000 年价格为每人每年 865 元。2008 年，政府正式将其作为扶贫标准使用，不再使用"绝对贫困线"，按当年不变价则为 1196 元。"2010年标准"为现行农村贫困标准，按当年价格为每人每年 2300 元，包括的食物支出能够保证 2100 千卡热量和 60 克左右的蛋白质，可以满足维持健康生存的"吃饱、适当吃好"需要，其比重为 53.5%；非食物支出则可以满足衣、住、用、行以及义务教育、基本医疗等与健康生存同等重要的需求。按照购买力平价并结合中国城乡物价，换算后现行农村贫困标准约为 2.3 美元，是国际最低贫困标准的 1.21 倍，最高贫困标准的 74.2%[①]。

---

① 国家统计局住户调查办公室. 2016 中国农村贫困监测报告 [M]. 北京：中国统计出版社，2016：176 - 177.

表 2-1　　　　　　　　　　　　中国农村贫困标准　　　　　　　　单位：元/人·年

年份	1978 年标准	2008 年标准	2010 年标准
1978	100		
1980	130		
1985	206		
1990	300		
1995	530		
2000	625	865	
2001		872	
2002		869	
2003		882	
2004		924	
2005		944	
2006		958	
2007		1067	
2008		1196	
2009		1196	
2010		1274	2300
2011			2536
2012			2625
2013			2736
2014			2800
2015			2855
2016			2952
2017			2952

资料来源：中国农村贫困监测报告。

　　由此可见，无论是国际贫困标准，还是中国农村贫困标准，参照基期不同，标准值也有所不同，但是，同一标准下的不同数值代表的是同一生活水平。同时，较之 1978 年标准，尽管 2008 年、2010 年贫困标准中的食物支出比重不断下降，但均能保证 2100 千卡热量需要，其实际保障质量也在不断提升。

2.2　财政职能与反贫困理论分析

2.2.1　财政职能

关于财政职能，西方理论界比较流行的观点是马斯格雷夫所阐述的财政具有资源配置、收入分配和经济稳定三大职能。因为在市场经济条件下，在资源配置、收入分配和经济稳定上，存在市场失灵可能，财政作为政府宏观调控的重要手段，应在市场失灵领域发挥相关职能。例如，公共品供给不足、外部性效应、收入分配差距、失业、通货膨胀、国际收支失衡等就是典型市场失灵表现，政府可通过发挥财政职能来克服和应对。

国内理论界代表性的观点主要有：邓子基[1]（2001）认为在社会主义市场经济条件下，资源配置、收入分配、经济调控和监督管理是我国财政的四大主要职能。其中：确保社会资源有效配置是财政活动的首要职能；收入分配职能则是财政本质的集中反映，也是财政存在的直接动因；调节宏观经济运行，实现宏观经济稳定增长是财政活动的重要职能；对国民经济运行的监管是财政的必要职能。刘京焕、陈志勇、李景友[2]（2005）认为财政职能应定位于容易出现市场失败的领域，可以归结为三个方面：资源配置职能、收入分配职能、经济稳定职能。杨灿明[3]（2006）将财政职能概括为资金保障职能，资源配置、收入分配、经济稳定则属于政府的经济职能。何振一[4]（2008）认为财政职能是财政在社会再生产中的固有功能，但还受到社会制度和经济模式的制约。中国公共财政既有资源配置、收入分配、经济稳定三大职能，还有维护社会主义公有制主体地位、促进

① 邓子基. 财政学 [M]. 北京：中国人民大学出版社，2001：28 – 33.
② 刘京焕，陈志勇，李景友. 财政学原理 [M]. 北京：中国财政经济出版社，2005：72 – 76.
③ 杨灿明. 财政职能辨析 [J]. 财政研究，2006（7）：22 – 25.
④ 何振一. 社会主义财政学创新中的几个理论认识问题 [J]. 财贸经济，2008（4）：55 – 56.

全体人民逐步走向共同富裕的特殊职能。谢旭人① (2008) 认为公共财政具有稳定经济、资源配置、收入分配、监督管理等职能作用，是政府履行职能的物质基础、体制保障、政策工具和监管手段。孙世强、王斌② (2010) 认为财政不仅具有资源配置、收入分配和经济稳定三大职能，但由于正义是人类社会具有永恒意义的基本价值追求和行为准则，财政还应有着经济正义职能，而且是前三者的灵魂，直接决定了三大职能发挥的效应程度。陈共③ (2015) 指出财政是履行和实现政府职能的手段，财政实际上就是政府职能，总的来说，财政职能包括资源配置、收入分配、经济稳定与发展、保障社会和谐稳定和实现国家长治久安。刘尚希④ (2016) 则从新时期全球化背景下构建大国财政的视角出发，指出大国财政应该发挥风险再分配、调控大国经济平稳运行以及为大国参与全球治理提供物质保障等职能。高培勇⑤ (2017) 认为财政职能新定位即为：优化资源配置、维护市场统一、促进社会公平、实现国家长治久安。财政职能不再限于经济领域，而伸展至经济、政治、文化、社会、生态文明和党的建设各个领域。

　　由此可见，国内外理论界对财政职能的认识既有共性，也有差异，并且随着经济社会的发展，对财政职能也有着新的理解和定位。但是，笔者认为，对收入分配是财政的重要职能之一相对达成共识，有些只是表述上存在差异而已，并无本质不同。比如，结合理论界部分学者对财政职能的最新定位，其中促进社会公平、国家长治久安职能就与收入分配直接相关。而绝对贫困是一种收入水平未能达到社会公认最低生活支出需要的社会现象，相对贫困则是收入分配格局不合理的结构表现，因此，反贫困是收入分配调节的重要内容，是财政收入分配职能的内涵延伸。

　　收入分配存在初次分配和再分配。初次分配讲究市场效率，是按市场主体拥有的劳动力、土地、资本、技术等生产要素禀赋的市场贡献程度来决定收入分配结果，属于有偿分配，这种分配机制有利于刺激生产要素禀

　　① 谢旭人. 充分发挥公共财政的职能作用 [N]. 人民日报, 2008 年 2 月 29 日第 10 版.
　　② 孙世强, 王斌. 经济正义：财政职能的扩展 [J]. 学术月刊, 2010 (2)：73-80.
　　③ 陈共. 财政学 [M]. 北京：中国人民大学出版社, 2015：15-19.
　　④ 刘尚希. 大国财政 [M]. 北京：人民出版社, 2016：45-86.
　　⑤ 高培勇. 抓住中国特色财政学发展的有利契机 [N]. 人民日报, 2017 年 2 月 27 日第 16 版.

赋的市场效率，促进市场充分竞争，发挥市场在资源配置中的决定性作用。再分配则讲究社会公平，因为在初次分配领域，市场主体的先天要素禀赋、后天努力程度或机遇不同，容易出现"哑铃型"收入分配格局，这种格局既不利于社会和谐稳定，也不符合社会公平正义，因此，需要公共代理人——政府扮演宏观调控角色，将"哑铃型"努力调控成为有利于社会和谐稳定的"橄榄型"收入分配格局。财政的收入分配职能作用空间就体现在该领域，采取的手段主要是公共支出和转移支付，因此，属于无偿分配。

2.2.2 财政职能、收入分配与反贫困

从贫困的根源来讲，如前文概念界定，基于能力贫困角度，一些社会个体由于先天智力低下、或因代际贫困的传递及其他原因导致受教育年限偏低、技能的暂时欠缺，从而制约了财富创造能力，这类"有心无力"型贫困如果财政不发挥再分配调控职能，不给予一定的政策扶持提升其财富创造能力，不仅会增加家庭、政府及社会的负担，还不利于推动人类社会的发展进步；基于动力贫困角度，一些社会个体内生动力不足，"等、靠、要"思想严重从而导致自身财富维持在较低水平状态，这类"有力无心"型贫困如果财政承担了过多的无偿分配职能，显然不利于社会的公平正义，因为这是该群体对其他纳税人劳动财富的不公正占有，一旦相互效仿会影响整个社会生产要素的财富创造积极性，进而制约整个人类社会的发展进步；基于能力贫困范畴内的健康贫困角度，一些社会个体因先天遗传或后天原因的疾病，与其他社会个体在生理能力上处于不对等位置，从而影响其自身财富创造能力。如果财政收入分配职能缺位，不给予其一定的医疗保障或生活救助，这是对人的基本生存权利的漠视，不符合社会道德伦理规范，有失社会公平正义。基于地理贫困角度，一些社会个体因为区位偏僻、交通闭塞、资源匮乏等客观地理环境原因而自身"力所不逮"陷入贫困状态，一旦政府通过公共支出手段改善其生产生存条件，社会个体进而能够"力所能及"的实现脱贫致富，财政的收入分配职能则得到了理想体现。

2.2.3　收入分配、工具手段与反贫困

财政的收入分配职能为反贫困提供了强有力的理论支撑，那么，财政收入分配职能的实现其具体政策工具又有哪些呢？通常有税收、转移支付和公共支出等手段。

对于税收工具，有观点将其与财政政策工具明显区分开，即将税收与财政作为并列的政策工具手段。笔者认为，财政是"税收"与"支出"高度统一的活动，没有"税收"无法谈及"支出"，因此，财政政策应包含税收政策，税收工具也被包含在财政政策工具的设计范围内。从税收工具来讲，政府对高收入者课以重税、对低收入者课以轻税乃至免税，可以在一定程度上间接缩小收入分配差距。因为贫困也是一种相对概念，由于社会财富总量是一定的，政府通过征收累进个人所得税、财产税、遗产税、赠与税等税收手段降低高收入者财富，进而通过转移支付或公共支出手段补偿给低收入者提高其财富水平，这种"削峰填谷"式做法会起到缩小相对贫困的反贫困政策效果。

对于转移支付工具，政府通过将财政资金直接、无偿地分配给特定的地区或个人，可以直接缩小地区或个人之间的收入分配差距，提高转移支付对象的实际收入和福利水平。财政资金主要来源于纳税人缴纳的税收，一般来讲，在科学的税收制度下，富者会多纳税、穷者会少纳税，给贫困地区或个人予以较多的转移支付资金，意味着富者通过政府之手以税收贡献方式让渡了自身财富，穷者则依靠政府设计的转移支付制度增加了自身财富。常见转移支付形式有专项拨款、社会保障支出中的低保支出、社会救济支出、财政补贴等。

对于公共支出工具，政府通过加大对贫困地区的公共支出力度，改善贫困地区贫困人口的生产生活环境，包括交通、教育、医疗、卫生、水利等公共服务基础设施，不仅可以降低贫困地区贫困人口的生产生活成本，还能够为其创造财富提供一定的配套设施环境，将有助于贫困人口克服地理贫困。实际上，受历史上的战争、文化、民族等因素影响，一些社会群体的先辈基于求生需要不得不生活在地理位置偏僻、自然资源匮乏、生态环境恶劣的区域，导致他们现如今很难借助地理区位创造较多的物质财富

从而陷入贫困状态。在这些地区，即使有个别民众通过外迁方式改变了贫困状态，也必须付出极大的努力、有着较好的机遇才能实现，而这不具有一般性。因此，"力所不逮"型的地理贫困与个人能力、动力并无较大关联，需要政府通过公共支出手段予以调控。

2.3　财政政策与反贫困理论分析

2.3.1　财政政策与国家治理

财政政策与财政职能既有联系，也有区别。财政职能是财政政策制定的理论基础，决定了财政政策的宏观目标方向。但财政职能理论是抽象、高度概括的，财政政策的类型则相对丰富而且微观具体。根据调节经济周期的作用来划分，可划分为自动稳定的和相机抉择的财政政策；根据财政政策在调节国民经济总量方面的不同功能，可把财政政策划分为扩张性政策、紧缩性政策和中性政策。财政政策的目标一般包括：物价相对稳定、经济可持续均衡增长、收入分配合理、资源合理配置、社会生活质量提高。

党的十八届三中全会进一步提出，"财政是国家治理的基础和重要支柱，科学的财税体制是优化资源配置、维护市场统一、促进社会公平、实现国家长治久安的制度保障"，财政的功能定位被提升到国家治理的历史高度，财政不再只是被理解为经济活动，还是政治行为。那么，财政政策的目标追求是否有新的理解和定位？由于农村反贫困是一项重要的国家治理活动，需要制定和执行一系列财政政策发挥出财政职能予以实现，在此，结合国家治理理论来阐述分析国家治理、财政政策与反贫困三者间的理论关联。

美国政治学家达尔认为："由特定领土内的居民和政府组成的政治体系就是国家"①。魏娜、吴爱明②（2002）认为国家实质上是指有着相对稳

---

① 达尔. 现代政治分析 [M]. 上海：上海译文出版社，1987：28.
② 魏娜，吴爱明. 当代中国政府与行政 [M]. 北京：中国人民大学出版社，2002：1.

定的地域、相对集中的人口、独立的最高公共机构的社会共同体，是由土地、人民、主权三要素共同组成。与此同时，有必要区分国家与政府的概念，根据《现代汉语词典》的解释，"政府"是指国家权力机关的执行机关，即国家行政机关，例如我国的国务院（中央人民政府）和地方各级人民政府。实际上，笔者认为这是狭义政府概念，从广义来讲，国家元首、各级人民代表大会、政府、法院、检察院、国家军事机关均是政府概念的范畴。那么，何为治理？根据《现代汉语词典》解释，"治理"指的是统治、管理，还有处理、整修的意思。徐湘林[①]（2014）则认为治理理论是从社会中心论出发，从社会的诉求来规制国家和政府的职责和作为。可见，理论界对治理有不同的见解。

笔者认为，既然国家和政府的内涵存在区别，那么，我们不能混淆国家治理和政府治理的概念，实际上，对两者的理解常常容易被混为一谈。政府治理强调以政府为主体，对民众进行统治、管理。国家治理既强调政府对民众的统治、管理，也应尊重民众对政府的诉求，并自觉接受民众的规制监督。因为民众与政府是一种委托代理关系，民众缴纳了赋税供养政府，政府必须接受民众的监督提供有效公共管理。但是，由于民众是由分散的个体组成，很难成为国家治理的主体，由此依然由政府在国家治理中扮演着主导角色。

治理是有目标的，国家治理也不例外，更应有着明确清晰、科学合理的目标方向。政治体制不同，国家治理的目标也存在较大差异。专制主义政治体制下国家治理目标服务于专制主义政党或统治者，民主主义政治体制下国家治理目标则与社会民众的利益目标一致。中国是社会主义国家，人民当家做主，执政党的宗旨是全心全意为人民服务，与民众的根本利益相吻合，因此，国家治理目标与政党、人民期待的目标相一致。党的十八届四中全会决定明确指出，法律是治国之重器，良法是善治之前提，政治学术语"善治"在中央全会层次的文件中首次使用，"善"字本义"吉祥"，有完好、美好、善良等内涵，由此能够产生进一步合作的可能，善治也成为新时期国家治理的目标方向。

笔者认为从一个立体维度来看国家构成，可划分为市场、政府和社会

---

① 徐湘林 . "国家治理"的理论内涵［J］. 人民论坛，2014（4）：31.

三个维度，那么，国家治理的价值目标就主要包括市场健康、政治稳定、社会和谐，因为"健康、稳定、和谐"与"善治"理念高度契合。具体来讲：健康运转的市场是创造物质财富的基础，它关系到能否有效满足民众的各项生活需求，是满足生理需要的保障；稳定的政治环境既符合民众的切身利益，是满足安全需要的重要保证，也关系到政党、政府的自身利益，是其政权能否持续的关键；和谐的社会关系不仅关系到社会民众生活幸福指数的高低，也是政党、政府的政权统治能否稳定的社会基础。否则，如果没有健康的市场、稳定的政治、和谐的社会关系，就意味着存在市场风险、政治风险和社会风险隐患的可能，自然也会导致国家治理风险。防范这些风险，是国家治理的题中之义。

党的十八届三中全会将财政赋予了国家治理内涵，既是对财政职能在经济社会发展过程中不断释放出新功能的总结，也是对财政职能在未来国家治理中功能更多、更好发挥的期待。既然财政具有国家治理功能，是国家治理的工具手段，而在政府主导的农村反贫困实践活动中，同样存在市场、政治和社会风险，需要较好的防范规避和及时化解。那么，财政政策的设计、执行也要以控制市场、政治和社会风险为价值目标，下文将具体展开分析。

2.3.2　财政政策、市场健康与反贫困

健康通常指人或动物的生理机能正常，没有异常或缺陷。那么，何谓市场健康？笔者认为市场健康是指市场上的各种生产要素资源处于有效配置的帕累托最优状态，从而有着最优的市场产出。如何保证市场生产要素能够最优配置并有着最优产出，市场自身能否通过供求、价格和竞争机制来实现，面对市场政府应该扮演什么样的角色？

在西方经济学研究领域，先后经历了古典政治经济学、新古典主义经济学、凯恩斯主义经济学、新古典综合派经济学、新剑桥学派、新凯恩斯经济学等经济学流派，这些流派思想既是西方资本主义国家政府经济实践活动的理论总结，进而也影响着政府的经济政策制定和行为决策。其中：18世纪末期的古典政治经济学代表人物亚当·斯密认为市场能够通过供求、价格和竞争机制，即在"无形的手"的引导下，人们追求个人利益的

行动会最终促进社会利益，从而实现整个社会资源的优化配置，政府应该扮演"守夜人"角色不能干预市场。20 世纪 30 年代，席卷西方资本主义国家的大危机则彻底粉碎了古典政治经济学自由放任主义理论的神话，凯恩斯主义经济学也随着《就业、利息和货币通论》的发表正式形成，凯恩斯认为单纯依靠市场的自动调节，不能保证社会资源的优化配置，必须依靠政府对经济实行干预，这与古典政治经济学自由放任观点完全相左。实际上，来自于西方资本主义国家市场效果对经济理论的不断反馈，这些经济学流派围绕究竟是倚重市场"无形之手"还是政府"有形之手"才能有助于市场的健康运行进行了反复论争，也推动着经济理论不断深化发展。从西方经济学理论的不断演进变迁来看，市场机制在资源配置上发挥"无形之手"调控功能的重要性得到了更充分认可。但是，政府应在公共品和服务领域履行供给职能为市场提供良好的资源配置环境，也得到了学界广泛支持。

在中国社会主义现代化建设探索中，也先后经历了改革开放前政府主导的计划经济，改革开放后"计划经济为主、市场经济为辅"、公有制基础上的有计划商品经济、建立社会主义市场经济体制的理论探索历程，以及与之伴随的政府主导资源配置、发挥市场在资源配置中基础性作用、充分发挥市场在资源配置中起决定性作用的认识深化过程。在不断总结经验和教训的基础上，中国特色社会主义实践也证明要实现经济较好发展，必须尊重市场作为"无形之手"的自我调节功能，政府作为"有形之手"的宏观调控职能则要有边界，不能越位于市场，这是保证市场自身健康发展的关键。

那么，要实现农村反贫困，发展经济是硬道理，同样需要一个健康发展的市场作为保障。因为健康的市场通过合理的第一、第二、第三产业结构，不仅可以为贫困人口提供长期可持续、有保障的就业岗位，让其通过自身拥有的生产要素禀赋源源不断创造个人财富，还能够较好的为政府增加有内涵质量、有可持续性的税收收入来源，进而有利于政府通过财政手段履行再分配调控职能，实现其反贫困目标。为此，在政府主导的农村反贫困实践中，尊重市场价值规律、供求和竞争机制，防范市场风险显得尤为重要而关键。对待一地第一、第二、第三产业发展格局，必须充分发挥市场在资源配置中的决定性作用。

相比较金融政策工具，财政政策工具最直接、即期效应最快，长期以来为我国政府所推崇运用，但其对市场机制也最容易干扰并带来负面效应。尤其是在当前中央政府明确提出在 2020 年实现我国贫困人口全面脱贫战略目标的形势背景下，如果地方政府基于脱贫考核的政治任务压力，不尊重地区资源禀赋、市场供求变化等客观实际，通过制定越位于市场边界的财政政策一味追求短期效应明显的产业发展格局，那么这种政府主导的产业发展模式不仅会对政府、社会资源造成极大浪费，还会扭曲市场机制的资源配置功能，破坏力非常大，最终也将会背离反贫困的政策目标。

2.3.3 财政政策、政治稳定与反贫困

"政"指领导，是主体，"治"指管理，是方式或手段，政治是上层建筑领域中各种权力主体维护自身利益的特定行为以及由此结成的特定关系，故政治稳定是指这种特定关系处于相对稳定的状态。

政治稳定应是国家治理的价值目标，因为政治稳定国家也相对稳定。既然财政是国家治理的工具，毫无疑问，政治稳定自然也是财政政策的目标导向。哪些因素会影响政治稳定呢？由于政治是各种权力主体的权力行为活动以及由此形成的权力关系，只要各权力主体利益协调一致，就能够保持稳定。那么，又存在哪些权力主体呢？"主权在民"代表人物卢梭、狄德罗认为国家权力属于人民，是按照平等的民众按照一定程序制定的契约，君主、执政党、政府官员等只是代表人民履行权力的机构。我国《宪法》第二条也明文规定"中华人民共和国的一切权力属于人民"。由此可见，民众不仅是权力主体之一，而且是权力的来源，君主、政党、政府则是因为与民众之间存在着委托代理关系而被赋予了权力，成为权力主体的构成成员。因此，要实现政治稳定，必须保证民众、政党、政府各权力主体利益目标一致。具体来讲：政治稳定，说明执政党以民众利益为执政目标，并有着较好的执政能力，其领导下的各级政府也有着较好的执行能力，与执政党执政目标保持高度协调，从而使得各项政策能够在横向政府部门、纵向政府层级间顺利贯彻实施，即所谓的政令畅通。

在执政党、政府的有效治理下，民众利益得到较好保证，民众也会信

任和支持执政党和政府，委托代理关系能够延续，其政权也具有了可持续性，符合执政党、政府自身利益。政治不稳定，民众与执政党、政府的委托代理关系容易破裂，不利于执政党利益，面临着下野的执政危机。同时，在不稳定的政局环境下，民众的利益诉求也难以得到及时有效解决，且政府制定的各项政策会存在执行弹性，民众的利益难以得到较好保障。例如：受"亲信门"政治事件影响，代表新国家党的韩国总统朴槿惠遭到弹劾而被罢免，导致韩国政治不稳定，对内、对外各项治理政策存在不确定性，不仅执政党执政地位直接受到冲击，民众的日常工作生活秩序也受到干扰和影响，甚至引发了流血冲突事件。

生存权是人的基本权利。洛克在《政府论》中指出："极为明显，同种和同等的人们既毫无差别地生来就享有自然的一切同样的有利条件，能够运用相同的身心能力，就应该人人平等，不存在从属或受制关系。"绝对贫困与人的生存权、相对贫困与人的平等权直接相违背，因此，反贫困是尊重人的生存权、平等权的要求，是维护政治稳定需要重点考量的因素。中华人民共和国成立以来，实施反贫困、早日全面建成小康社会一直是党和政府的奋斗目标。尤其是党的十八大以来，中央更是明确提出要在2020年实现全面脱贫的战略目标，反贫困也作为重要考核指标成为各级政府工作的重中之重。我国政体是人民代表大会制度，推行的是中国共产党领导的多党合作和政治协商制度，国务院及各级人民政府则行使行政权。由此看来，在农村反贫困实践活动中，要保证政治稳定，进而防范国家治理风险，必须确保各权力主体利益目标的一致性。

首先，执政党——中国共产党必须与人民利益目标保持一致。全心全意为人民服务的宗旨为全体共产党员提出了明文要求，在农村反贫困实践领域，涉及大量的基础设施、产业发展等项目资金，这些资金相当部分来自于财政部门分配或金融机构信贷支持，最终来源也是广大纳税人税赋贡献或社会财富积累，必须杜绝党员干部"权力设租""权力寻租"等违法违纪行为，确保扶贫资金真正作用在反贫困领域。其次，我国疆域辽阔，在政府架构中存在中央政府与地方政府、地方政府之间的关系，而受政府竞争、财政竞争等冲击影响，在中央政府与地方政府、地方政府之间存在各种利益博弈，容易导致政策执行不协调，甚至存在"上有政策、下有对策"现象。农村反贫困需要投入大量的人力、财力和物力，如果中央政府对地方政府农村反贫困绩效考核标准设置不科学或不严格，会导致地方政府"冒进式""走过场式"扶贫；如果地方政府间受恶性政府竞争、财政竞争等影响，地方政府间会相互开展"粗放式""激进式"扶贫锦标赛，农村反贫困的质量效果均难以得到保证。最后，在各级政府内部构成中，基于分工需要设置有发挥不同功能的政府职能部门，受部门利益影响，部门间同样也存在利益博弈现象，容易导致政出多门甚至相互推诿现象。而农村反贫困几乎涉及所有政府职能部门，如果不明确部门分工、最小化部门利益的负面影响，其行动步伐很难协调一致，政策目标最终也难以顺利实现。

2.3.4　财政政策、社会和谐与反贫困

社会和谐是指秩序良好的正义社会，主要表现为人与人能够和谐相处、人与自然可以和谐共存。民众则是社会最基础、最活跃的单元细胞，制定公平、公正和公开的社会规则保证民众能够自觉遵从，是社会和谐的前提和关键。

冲突与和谐相对，引起冲突的一个重要原因常常是由于收入分配不公平。"收入分配的不公平，会使人民群众产生强烈的社会不公平感，在很大程度上威胁着社会的和谐与稳定"①，从而导致社会秩序处于混乱之中。"不患寡而患不均"即是民众对收入分配不公平的真实心理反应，尤其是当收入分配格局表现为贫困与富裕严重分化为两极时，社会也将形成严重对立的紧张格局。历史上王朝更替几乎均是因为收入分配的两极化所致，在王朝更替过程中，社会秩序也常常陷入混乱之中，国家动荡不安。

权利与义务是否对称又是影响社会和谐或冲突的重要砝码。人既享有权利，也必须履行义务。黑格尔认为："一个人负有多少义务，就享有多少权利；他享有多少权利，也就负有多少义务；如果一切权利都在一边，一切义务都在另一边，那么整体就要瓦解，因为只有统一才是我们这里所应坚持的基础"②。马克思认为："没有无义务的权利，也没有无权利的义

① 杨灿明等. 规范收入分配秩序研究 [M]. 北京：经济科学出版社，2014：4.
② 黑格尔. 法哲学原理 [M]. 北京：商务印书馆，1982：172 - 173.

务"①。要保证社会和谐，需要建立权利与义务相统一的社会规则。一个权利与义务相分裂、权利与义务不统一的社会，不是一个现代性的、自由的社会，不具有正义性，没有存在的理由。只有权利与义务相统一的社会，才是一个现代性的、自由的社会，才具有正义性，进而拥有存在的合理性根据。权利与义务由完全分离逐步走向统一，正是人类社会文明不断发展与提高的一个重要标志②。

基于理论界对权利和义务的认识，笔者认为对于贫困者而言，享有公平生存、自由发展的权利，但也是有着一定限度的，没有边界、无限制的权利不符合社会公平正义原则。就造成贫困的原因而言，既有先天原因，也有后天因素。对于先天性原因所致贫困导致公民生存权、发展权受到影响，国家可承担一定的义务直接通过财政手段来维护社会公平正义，保障其权利。但是，对于后天因素所致贫困，比如"有力无心"类型的动力贫困，国家如果承担了过多的义务直接通过财政手段来满足此类型贫困者的权利，则不符合社会公平正义规则。因为通过财政手段满足该类型贫困者的不合理权利，是以其他民众的纳税义务为代价，会导致整个社会权利与义务配置的不平衡，显然是不利于社会和谐的。

可见，基于收入分配、权利与义务对称角度，社会和谐应是国家治理的价值目标之一。党的十六大报告第一次将"社会更加和谐"作为重要目标提出。十六届四中全会，进一步提出构建和谐社会的任务。十六届六中全会明确提出了构建社会主义和谐社会的指导思想，而"民主法治、公平正义、诚信友爱、充满活力、安定有序、人与自然和谐相处"是和谐社会的基本特征。为此，政府要通过制定出台公平正义的制度规则，保障利益分配公平合理，一方面要避免财富向少数人集中；另一方面，要防止出现大规模的赤贫人口，这些目标是可以通过财政政策的科学设计、严格规范执行实现的。理论上，不考虑先天或后天上的健康贫困、先天能力贫困等客观影响因素后，政府通过制定公平合理的收入分配制度，即要按照市场个体拥有的劳动、土地、资本、技术等生产要素的贡献程度参与分配，其分配结果是富有效率的，也是社会民众能够认可的。进而，对先天能力贫困、健康贫困群体政府通过公平合理的再分配制度予以一定的收入补偿，

① 马克思恩格斯全集（第16卷）[M]. 北京：人民出版社，1972：16.
② 李步云，杨松才. 权利与义务的辩证统一 [J]. 广东社会科学，2003（4）：124.

也是符合社会公平正义，能够被其他社会民众所接受。

因此，在中国农村反贫困实践活动中，财政作为国家治理的重要工具，财政政策目标应与国家治理目标高度契合。为保证农村反贫困质量效果，财政政策设计与执行要以市场健康、政治稳定和社会和谐为价值追求，这也是笔者关注的重要方面。

第3章 中国农村贫困状况及特征分析

为直观反映中国农村贫困状况，了解贫困程度的过去和现状，并观察农村贫困地区的经济社会发展特征，本章通过搜集整理相关数据，结合相关统计指标进行描述性分析。既从宏观上予以整体把握，又从微观上深入观察，并对地区间进行横向比较，力求于多维度把握中国农村贫困状况及其特征。

3.1 农村贫困人口规模

3.1.1 农村贫困人口数量

自1978年以来，我国共采用了三条贫困衡量标准。如图3-1所示：按照1978年标准，当年农村贫困人口规模为2500万人，2000年为3209万人，减贫规模达到21791万人；按照2008年标准，2000年农村贫困人口规模为9422万人，2010年为2688万人，减贫规模达到6734万人；按照2010年标准，当年贫困人口规模为16567万人，2017年为3046万人，减贫规模达到13521万人。可见，伴随着贫困标准的提高，中国农村贫困人口规模也随之发生了变化，2010年甚至高于1981年。这也充分体现了中国政府对反贫困问题的高度重视，自我施压不断提高贫困线标准，将农村反贫困作为政府履行的重要责任。

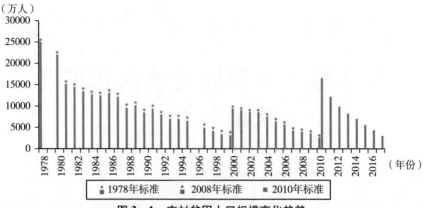

图 3 - 1　农村贫困人口规模变化趋势

资料来源：2018 中国农村贫困监测报告。

3.1.2　农村贫困发生率

贫困发生率是衡量贫困广度的重要指标，是指贫困人口占全部总人口的比例。如图 3 - 2 所示：按照 1978 年标准，当年农村贫困发生率为 30.7%，2000 年为 3.5%，下降 27.2 个百分点；按照 2008 年标准，2000 年农村贫困发生率为 10.2%，2010 年为 2.8%，下降 7.4 个百分点；按照 2010 年标准，当年农村贫困发生率为 17.2%，2017 年为 3.1%，下降 14.1 个百分点。不难看出，贫困标准提高，贫困发生率也随之变化。

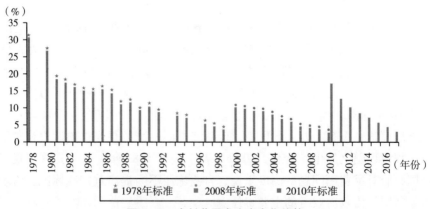

图 3 - 2　农村贫困发生率变化趋势

资料来源：2018 中国农村贫困监测报告。

贫困发生率为零是人类最理想的目标状态，但实际上，世界上任何一个国家贫困发生率都难以达到零状态，就如同劳动力就业市场上存在自然失业一样，因此，常把某一贫困发生率界限作为一地整体是否贫困的标准。例如：当前我国对东部地区贫困村、贫困县是否贫困的界定标准为2%的贫困发生率，西部地区则为3%的贫困发生率，低于这一界限标准就视为该区域整体脱离贫困状态。

3.2　农村贫困人口分布

3.2.1　东中西部地区农村贫困人口数量

以2010年贫困标准统计，如图3－3所示：2010年，东部地区农村贫困人口规模为2587万人、中部地区为5551万人、西部地区为8430万人；2017年，东部地区农村贫困人口为300万人、中部地区为1112万人、西部地区为1634万人。在2010～2017年间，东部地区农村贫困人口下降2287万人，降幅为88.4%；中部地区下降4439万人，降幅为79.97%；西部地区下降6796万人，降幅为80.62%。东部地区减贫幅度最大，西部

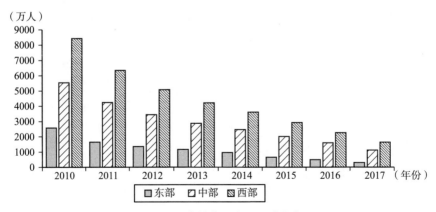

图3－3　农村贫困人口区域分布

资料来源：2018中国农村贫困监测报告。

地区则减贫规模最大，但西部地区仍为贫困人口分布的主要区域，中部地区次之，东部地区最少。

以 2017 年为例，如图 3 - 4 所示：东部地区农村贫困人口占全部农村贫困人口的比重为 10%、中部地区占比为 36%、西部地区占比最高达到 54%，中西部地区合计共达 90%，可见，中西部地区是中国农村贫困人口的主要分布区域。

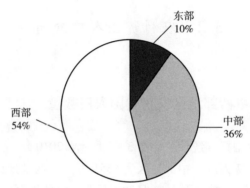

图 3 - 4 2017 年农村贫困人口区域分布

资料来源：2018 中国农村贫困监测报告。

3.2.2 省际间农村贫困发生率比较

为进一步观察各地农村贫困发生率情况，本书搜集整理了 2010 ~ 2017 年省级面板数据，依照贫困发生率由低到高次序排列，如表 3 - 1 所示：2010 年，上海、北京、天津、江苏、浙江、广东六省市贫困发生率均在 5% 以下，云南、甘肃、新疆、贵州、西藏贫困发生率则高达 40% 及以上；2017 年，北京、天津、上海、江苏、浙江、广东和福建贫困发生率几乎为零，山西、广西、青海、陕西、云南、西藏、贵州、甘肃、新疆九省（区）贫困发生率仍均在 5% 以上。

通过表 3 - 1 不难看出：北京、天津、上海、江苏、浙江和广东等东部沿海经济发达地区农村整体上已率先实现脱贫，而山西、广西、陕西、青海、云南、甘肃、贵州和西藏等中西部地区农村整体上仍处于贫困状态，且贫困发生率依然高于脱贫标准，是中国农村反贫困的重点省份。

表 3 - 1　　2010~2017 年部分省份贫困发生率

排序	2010年 地区	贫困发生率(%)	2011年 地区	贫困发生率(%)	2012年 地区	贫困发生率(%)	2013年 地区	贫困发生率(%)	2014年 地区	贫困发生率(%)	2015年 地区	贫困发生率(%)	2016年 地区	贫困发生率(%)	2017年 地区	贫困发生率(%)
1	上海	0.1	上海	—	上海	—	北京	—	北京	—	北京	—	北京	—	北京	—
2	北京	0.3	北京	0.3	北京	0.2	天津	—	天津	—	天津	—	天津	—	天津	—
3	天津	2	天津	1.2	天津	0.2	上海	—	上海	—	上海	—	上海	—	上海	—
4	江苏	3.8	广东	2.4	广东	1.9	广东	1.7	浙江	1.1	江苏	—	江苏	—	江苏	—
5	浙江	3.9	江苏	2.5	江苏	2.1	浙江	1.9	广东	1.2	浙江	—	浙江	—	浙江	—
6	广东	4.6	浙江	2.5	浙江	2.2	江苏	2	江苏	1.3	广东	0.7	广东	—	广东	—
7	福建	6.2	福建	4.2	福建	3.2	福建	2.6	福建	1.8	福建	1.3	福建	0.8	福建	1.9
8	山东	7.6	山东	4.8	山东	4.4	山东	3.7	山东	3.2	山东	2.4	山东	1.9	山东	1.9
9	辽宁	9.1	辽宁	6.8	辽宁	6.3	辽宁	5.4	辽宁	5.1	辽宁	3.8	重庆	2	重庆	2.0
10	黑龙江	12.7	黑龙江	8.3	重庆	6.8	吉林	5.9	黑龙江	5.1	重庆	3.9	辽宁	2.6	辽宁	2.6
...	...	...	...	...	...	...	...	...	...	...	...	...	...	...	...	...
22	海南	23.8	宁夏	18.3	宁夏	14.2	山西	12.5	宁夏	10.8	宁夏	8.9	宁夏	7.1	宁夏2	4.5
23	山西	24.1	山西	18.6	山西	15	宁夏	12.4	山西	11.1	山西	9.2	山西	7.7	山西	5.5
24	广西	24.3	陕西	21.4	陕西	17.5	广西	14.9	广西	12.6	广西	10.5	广西	7.9	广西	5.7
25	陕西	27.3	广西	22.6	广西	18	陕西	15.1	陕西	13	陕西	10.7	青海	8.1	青海	6.0

续表

排序	2010 年		2011 年		2012 年		2013 年		2014 年		2015 年		2016 年		2017 年	
	地区	贫困发生率(%)	地区	贫困发生率(%)	地区	贫困发生率(%)	地区	贫困发生率(%)	地区	贫困发生率(%)	地区	贫困发生率(%)	地区	贫困发生率(%)	地区	贫困发生率(%)
26	青海	31.5	云南	27.3	青海	21.6	青海	16.4	青海	13.4	青海	10.9	陕西	8.4	陕西	6.3
27	云南	40	青海	28.5	云南	21.7	云南	17.8	云南	15.5	云南	12.7	云南	10.1	云南	7.5
28	甘肃	41.3	新疆	32.9	新疆	25.4	新疆	19.8	贵州	18	贵州	14.7	贵州	11.6	西藏	7.9
29	新疆	44.6	贵州	33.4	贵州	26.8	贵州	21.3	新疆	18.6	甘肃	15.7	甘肃	12.6	贵州	8.5
30	贵州	45.1	甘肃	34.6	甘肃	28.5	甘肃	23.8	甘肃	20.1	新疆	15.8	新疆	12.8	甘肃	9.7
31	西藏	49.2	西藏	43.9	西藏	35.2	西藏	28.8	西藏	23.7	西藏	18.6	西藏	13.2	新疆	9.9

资料来源：中国农村贫困监测报告。

3.2.3　连片特困地区农村贫困状况

《中国农村扶贫开发纲要（2011－2020 年）》第十条明确指出：国家将六盘山区、秦巴山区、武陵山区、乌蒙山区、滇桂黔石漠化区、滇西边境山区、大兴安岭南麓山区、燕山—太行山区、吕梁山区、大别山区、罗霄山区等 11 个集中连片特困区域，以及已明确实施特殊扶持政策的西藏、四省藏区、新疆南疆三地州，共 14 个片区 680 个县作为扶贫攻坚主战场。

那么，在连续扶贫攻坚政策举措下，14 个连片特困地区农村贫困状况如何？如图 3－5 所示：2011 年，连片特困地区农村贫困人口规模为 6035 万人，占全国各地区农村贫困人口规模比重为 49.31%；到 2017 年，贫困人口规模下降到 1540 万人，占全国比重仍高达 50.56%。

图 3－5　连片特困地区农村贫困人口规模变化趋势

资料来源：中国农村贫困监测报告。

具体观察连片特困地区农村贫困人口规模及贫困发生率情况，如表 3－2 所示：2011 年，连片特困地区农村贫困人口规模 6035 万人，贫困发生率高达 29%；到 2017 年，连片特困地区农村贫困人口规模为 1540 万人，贫困发生率下降到 7.4%。结合图 3－5，2017 年，连片特困地区农村贫困发生率 7.4%，占全国农村贫困人口规模比重却达到了 50.56%，充分反映了当前中国农村贫困人口的区域集中度，即局部地区贫困面之广、贫困程度之深的严重现象。

表 3－2　2011～2017 年连片特困地区农村贫困情况

片区	2011 年		2012 年		2013 年		2014 年		2015 年		2016 年		2017 年	
	贫困人口（万人）	发生率（%）	贫困人口（万人）	发生率（%）	贫困人口（万人）	发生率（%）	贫困人口（万人）	发生率（%）	贫困人口（万人）	发生率（%）	贫困人口（万人）	发生率（%）	贫困人口（万人）	发生率（%）
全部片区	6035	29.0	5067	24.4	4141	20.0	3518	17.1	2875	13.9	2182	10.5	1540	7.4
六盘山区	642	35.0	532	28.9	439	24.1	349	19.2	280	16.2	215	12.4	152	8.8
秦巴山区	815	27.6	684	23.1	559	19.5	444	16.4	346	12.3	256	9.1	172	6.1
武陵山区	793	26.3	671	22.3	543	18.0	475	16.9	379	12.9	285	9.7	188	6.4
乌蒙山区	765	38.2	664	33.0	507	25.2	442	21.5	373	18.5	272	13.5	199	9.9
滇黔桂石漠化区	816	31.5	685	26.3	574	21.9	488	18.5	398	15.1	312	11.9	221	8.4
滇西边境山区	424	31.6	335	24.8	274	20.5	240	19.1	192	15.5	152	12.2	115	9.3
大兴安岭南麓山区	129	24.1	108	21.1	85	16.6	74	14.0	59	11.1	46	8.7	35	6.6
燕山—太行山区	223	24.3	192	20.9	165	17.9	150	16.8	122	13.5	99	11.0	71	7.9
吕梁山区	104	30.5	87	24.9	76	21.7	67	19.5	57	16.4	47	13.4	29	8.4
大别山区	647	20.7	566	18.2	477	15.2	392	12.0	341	10.4	252	7.6	173	5.3

续表

片区	2011 年		2012 年		2013 年		2014 年		2015 年		2016 年		2017 年	
	贫困人口（万人）	发生率（%）	贫困人口（万人）	发生率（%）	贫困人口（万人）	发生率（%）	贫困人口（万人）	发生率（%）	贫困人口（万人）	发生率（%）	贫困人口（万人）	发生率（%）	贫困人口（万人）	发生率（%）
罗霄山区	206	22.0	175	18.8	149	15.6	134	14.3	102	10.4	73	7.5	49	5.0
西藏区	106	43.9	85	35.2	72	28.8	61	23.7	48	18.6	34	13.2	20	7.9
四省藏区	206	42.8	161	38.6	117	27.6	103	24.2	88	16.5	68	12.7	51	9.5
南疆三地州	159	38.7	122	33.6	104	20.0	99	18.8	90	15.7	73	73	64	9.1

资料来源：中国农村贫困监测报告。

表 3 – 2 详细反映了 14 个连片特困地区农村贫困人口规模及贫困发生率情况：2011 年，农村贫困人口规模最大的区域是滇黔桂石漠化区，有 816 万人；其次是秦巴山区，有 815 万人；武陵山区排在第三位，有 793 万人。贫困发生率最高的是西藏区，为 43.9%；其次是四省藏区，为 42.8%；南疆三地州位列第三，为 38.7%。2017 年，农村贫困人口规模最大的区域依然是滇黔桂石漠化区，有 221 万人；其次是乌蒙山区，有 199 万人；武陵山区排在第三位，有 188 万人。贫困发生率最高的是乌蒙山区，为 9.9%；其次则是四省藏区，为 9.5%；滇西边境山区位列第三，为 9.3%。据此可见，地理环境恶劣、交通出行不便是当前农村贫困人口主要集中区域的典型特征。

3.3 农村居民收入消费特征

3.3.1 农村居民收入变化趋势

按照本书概念界定，收入高低是贫困与否的衡量指标。如图 3 – 6 所示：2000 年，中国农村居民家庭人均纯收入①为 2253.42 元，到 2017 年，达到 13432.4 元，较之 2000 年，增加了 11178.9 元，增幅达 496.09%。而 2010～2017 年农村贫困标准分别为 2300 元、2536 元、2625 元、2736元、2800 元、2855 元、2952 元（2016 年、2017 年），尽管我国农村贫困标准在不断提高，但各年农村贫困线均远远低于农村居民人均纯收入水平，这说明在中国农村内部居民间收入差距较大。

为进一步了解农村居民收入来源特点，图 3 – 7 描述了 2000～2017 年人均工资性、经营性、财产性、转移性收入②占人均纯收入比重的变化特

---

① 根据《中国统计年鉴》，2014 年以前，农村家庭居民收入统计指标为人均纯收入，自 2014 年开始，统计指标为人均可支配收入，本书统一以人均纯收入表述予以统计分析。

② 根据《中国统计年鉴》主要统计指标说明，对农村居民的收入构成进行了解释：工资性收入是指农村住户成员受雇于单位或个人，靠出卖劳动而获得的收入；家庭经营收入是指农村住户以家庭为生产经营单位进行生产筹划和管理而获得的收入；财产性收入是指金融资产或有形非生产性资产的所有者向其他机构单位提供资金或将有形非生产性资产供其支配，作为回报而从中获得的收入；转移性收入是指农村住户和住户成员无须付出任何对应物而获得的货物、服务、资金或资产所有权等，不包括无偿提供的用于固定资本形成的资金。一般情况下，是指农村住户在二次分配中的所有收入。

征。可以发现：从全国范围来看，在较长时间内，经营性收入是农村居民收入构成的主体，但是，其比重不断下降；其次是工资性收入，其比重呈上升之势，于 2013 年超过经营性收入所占比重；转移性收入占比排在第三位，也呈上升之趋势；农村居民财产性收入占居民总收入比重则最低。

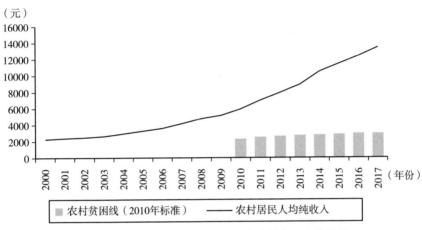

图 3 - 6 2000～2017 年农村居民人均纯收入变化趋势

资料来源：《中国统计年鉴》《中国农村贫困监测报告》。

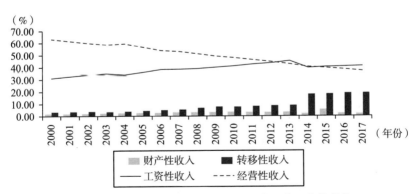

图 3 - 7 2000～2017 年农村居民不同来源收入变化趋势

资料来源：根据中国统计年鉴提供数据整理。

3.3.2 农村居民收入来源构成比较

那么，贫困发生率较低的东部沿海经济发达地区与贫困发生率较高的西部落后地区农村居民收入构成又有何差异呢？在此，搜集整理了部分省份 2000 年与 2017 年数据予以比较，如表 3 - 3 所示：一是经济发达地区农村居民工资性收入是其收入的构成主体，2017 年较之 2000 年比重进一步提高；贫困发生率较高的西部地区经营性收入则是农村居民收入构成的主体，2017 年较之 2000 年比重则有所下降。二是财产性收入无论是经济发达地区，还是贫困发生率较高的西部地区占农村居民收入的比重在 2000 年和 2017 年都不高，但整体上不同程度增长。三是转移性收入占农村居民收入比重在表 3 - 3 中所列省份都有所增长，西部地区的增长幅度则较大。由此可见，财政对这些区域的倾斜支持力度。

表 3 - 3　　　　部分省份农村居民不同来源收入构成情况

省份	工资性收入（%）		经营性收入（%）		财产性收入（%）		转移性收入（%）	
	2000 年	2017 年	2000 年	2017 年	2000 年	2017 年	2000 年	2017 年
北京	61.22	75.18	31.22	8.83	3.44	6.48	4.12	9.52
天津	45.23	60.4	51.27	25.57	1.18	4.63	2.32	9.4
上海	77.01	72.92	16.68	4.93	2.55	3.1	3.75	19.05
江苏	46.26	49.66	49.26	29.33	1.34	3.55	3.14	17.46
浙江	47.03	61.94	45.09	24.49	4.26	2.88	3.63	10.69
福建	33.09	45.4	57.09	38.42	2.38	1.78	7.44	14.41
山东	31.99	40.14	63.06	44.52	2.17	2.59	2.78	12.75
广东	37.27	49.78	54.81	26.1	2.02	2.63	5.90	21.49
…	…	…	…	…	…	…	…	…
广西	25.95	28.63	69.57	45.06	0.40	1.63	4.08	24.68
海南	6.94	40.05	86.96	43.22	1.75	1.44	4.35	15.28
四川	31.88	32.85	62.73	39.43	1.57	2.64	3.81	25.08

续表

省份	工资性收入（%）		经营性收入（%）		财产性收入（%）		转移性收入（%）	
	2000 年	2017 年	2000 年	2017 年	2000 年	2017 年	2000 年	2017 年
贵州	20.00	40.99	74.92	37.04	0.51	1.04	4.57	20.93
云南	17.83	28.34	75.46	54.88	3.24	1.79	3.48	14.99
西藏	17.10	23.5	70.22	55.52	8.01	1.69	4.67	19.28
陕西	30.89	41.61	62.41	31.58	3.26	1.8	3.44	25
甘肃	24.85	28.17	70.82	44.03	1.13	1.76	3.20	26.03
青海	20.95	28.58	75.13	39.77	1.66	3.45	2.26	28.2
宁夏	28.07	39.34	65.03	39.6	4.68	3.02	2.21	18.05
新疆	6.46	25.32	89.69	54.66	2.50	2.11	1.34	17.92

资料来源：根据中国统计年鉴提供数据整理。

通过表 3－3 可以推断：一是工资性收入对农村贫困群体脱贫有积极作用，东部地区市场经济发达，就业渠道较多，农村居民获得工资性收入较为便利，而中西部地区市场经济发展相对滞后，就业渠道也相对偏少，制约了当地居民获取工资性收入。二是西部地区农村居民主要依靠经营性收入增收，而以家庭为单位的经营模式生产规模小、市场化程度不高，难以形成规模经济效应，而且市场谈判、抗市场风险等能力还比较弱，导致其获取经营性收入不稳定，弹性较大。三是西部地区农村居民转移性收入比重相对较高，那么，转移性收入是否会加重他们的"等、靠、要"依赖思想，从而导致脱贫致富的动力削弱？短期来看，转移性收入的确能够增长农村贫困家庭收入，但是，一旦形成"等、靠、要"依赖思想，会削弱其自身努力动力，进一步扩大居民间收入差距，因此，科学设计转移支付政策、精准转移性收入对象十分关键。从科学设计转移支付政策来看，应加快均衡城乡居民在教育、医疗、养老等方面的转移支付待遇水平，促进国民福利公平；从精准转移支付对象来看，获得社会救助、最低生活保障等转移性收入的应是老弱病残等丧失劳动能力的社会群体，以避免逆向调节现象出现。

3.3.3 居民间收入差距变化趋势

随着农村绝对贫困人口规模不断减少，相对贫困现象应越来越受到政府和社会的高度重视。相对贫困问题对政治稳定、社会和谐等所带来的负面效应在前文理论分析中已经阐述，在此不再赘述。

首先观察城镇、农村居民家庭间人均收入差距，如图 3 - 8 所示：2000 年，城镇、农村居民人均收入差距仅 4026.56 元；到 2017 年，则达到了 22963.8 元，较之 2000 年，这一差距增加了 18937.24 元，增幅高达470.31%。而且，在 2000～2017 年间，城镇、农村居民间人均收入差距呈逐年增长之发展趋势。

图 3 - 8　城镇、农村居民收入差距趋势

资料来源：根据中国统计年鉴数据计算整理。

进一步观察东中西部地区间农村居民人均纯收入比较情况，如图 3 - 9所示：2000 年，东部地区农村居民人均纯收入为 3137.48 元、中部地区为2070.89 元、西部地区为 1685.47 元；东部地区农村居民人均纯收入高于中部地区 1066.59 元、高于西部地区 1452.01 元，中部地区则高于西部地区 385.42 元。2017 年，东部地区农村居民人均纯收入为 16675.77 元、中部地区为 12803.34 元、西部地区为 10790.38 元；东部地区农村居民人均纯收入高于中部地区 3872.43 元、高于西部地区 5885.4 元，中部地区则高于西部地区 2012.96 元。较之 2000 年，2017 年东中西部地区间农村居民人均收入差距明显扩大。

由此可见，不仅城镇与农村居民之间，而且东中西部地区农村居民间人均收入差距均呈不断扩大的发展趋势，这充分说明政府在反农村绝对贫困的同时，科学设计反贫困政策、及时调控处理居民间日益严峻的相对贫困问题已显得十分必要。

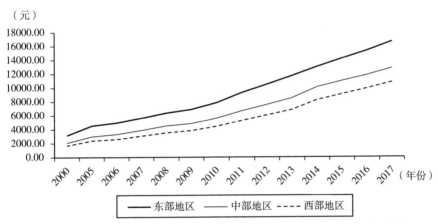

图 3 – 9 2000～2017 年东、中、西部地区间农村居民人均纯收入差距趋势

资料来源：根据中国统计年鉴数据计算整理（2001 年、2002 年、2003 年、2004 年分地区城乡人口数统计缺失）。

3.3.4 农村居民消费构成变化趋势

再来观察农村居民消费构成及其变化趋势，以 2013～2017 年数据为样本，如表 3 –4 所示：民以食为天，农村居民群体也不例外，食品烟酒支出在全部消费中占比最大，五年间均达到了 30% 以上，但占比呈递减趋势，恩格尔系数不断变小；其次是居住消费支出，五年间均达到了 20% 以上；排在第 3 位的是交通通信消费支出，五年间均达到了 10% 以上；教育文化娱乐消费支出排在第 4 位，五年间也均达到了 10%；医疗保健消费支出则排在第 5 位，在全部消费支出中占比均低于 10%。

表 3 - 4

农村居民消费构成变化趋势

消费构成	2013 年		2014 年		2015 年		2016 年		2017 年	
	水平（元）	占比（%）	水平（元）	占比（%）	水平（元）	占比（%）	水平（元）	占比（%）	水平（元）	占比（%）
1. 食品烟酒	2554.4	34.13	2814	33.57	3048	33.05	3266.1	32.24	3415.4	31.18
2. 衣着	453.8	6.06	510.4	6.09	550.5	5.97	575.4	5.68	611.6	5.58
3. 居住	1579.8	21.11	1762.7	21.03	1926.2	20.89	2147.1	21.2	2353.5	21.48
4. 生活用品及服务	455.1	6.08	506.5	6.04	545.6	5.92	595.7	5.88	634.0	5.79
5. 交通通信	874.9	11.69	1012.6	12.08	1163.1	12.61	1359.9	13.42	1509.1	13.78
6. 教育文化娱乐	754.6	10.08	859.5	10.25	969.3	10.51	1070.3	10.57	1171.3	10.69
7. 医疗保健	668.2	8.93	753.9	8.99	846	9.17	929.2	9.17	1058.7	9.66
8. 其他用品及服务	144.2	1.93	163	1.94	174	1.89	186	1.84	200.9	1.83
人均消费支出	7485	100	8382.6	100	9222.7	100	10129.7	100	10954.5	100

资料来源：根据中国统计年鉴数据计算整理。

3.3.5　居民间消费差距变化趋势

结合图 3-10，比较城乡居民人均消费支出：2013 年，城镇居民人均消费支出为 18487.5 元、农村居民人均消费支出为 7485 元，城乡居民人均消费支出差距为 11002.5 元；2017 年，城镇居民人均消费支出为 24445 元、农村居民人均消费支出为 10954.5 元，城乡居民人均消费支出差距为 13490.5 元。

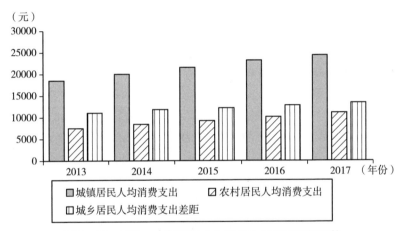

图 3-10　城镇、农村居民人均消费支出差距变化趋势
资料来源：根据中国统计年鉴数据计算整理。

由图 3-10 可以看出，城乡居民消费支出差距较大，并呈扩大之势。而且，城乡居民间的人均消费支出差距甚至大于农村居民的人均消费支出水平，这也说明农村居民与城镇居民相比，生活消费差距十分明显。

进一步比较城镇、农村居民人均消费支出构成情况，如下图 3-11 所示：在食品烟酒支出上，2013~2017 年间，城乡居民人均消费支出差距呈递增之势；衣着、居住、生活用品及服务消费支出差距变化不大；交通通信、教育文化娱乐、医疗保健消费支出差距也呈递增之势。

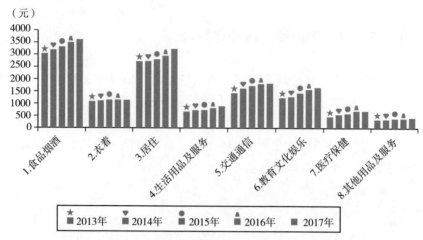

图 3 – 11 城镇、农村居民消费构成人均消费支出差距变化趋势

资料来源：根据中国统计年鉴数据计算整理。

食品烟酒用来满足人的生存需要，但城乡居民消费差距大，这与其追求消费质量有关。例如：城镇居民越来越注重食品安全，而生态绿色农产品价格在城镇较高，农村居民一般自给自足；农村居民主要消费低档烟酒，受环境影响，城镇居民烟酒消费水平远远高于农村。交通通信、教育文化娱乐属发展性消费，农村居民与城镇居民人均消费差距呈递增之势，与各自的社会活动范围、对教育的重视程度相关联，对其未来发展差距也势必产生潜在影响。

3.4 农村贫困地区社会主义市场经济发展特征分析

3.4.1 贫困地区产业结构

基于农村贫困人口主要集中分布在中西部经济落后地区，可以判断：一地的社会主义市场经济越发达，贫困发生率越低，反之，市场经济越落后，贫困发生率也会越高。那么，经济发达地区与经济落后地区产业结构有何差异？经济发达地区产业结构对经济落后地区又有何启示？如表 3 – 5

所示：一是无论在经济发达地区，还是经济落后地区，第一产业产值占比均不同程度下降，但经济发达地区整体降幅大于经济落后地区，且大部分西部地区省份第一产业产值占比在10%以上。二是经济发达地区除福建省外，第二产业产值占比均有所下降，经济落后地区则有增有减。三是经济发达地区第三产业产值占比增长明显，且是产业结构的构成主体，大部分经济落后的西部地区第三产业产值占比也有所增长，但并非都是产业结构的构成主体。

表 3－5　　　　　　　　　各省份三大产业产值结构情况

地区	第一产业（%）		第二产业（%）		第三产业（%）	
	2000 年	2017 年	2000 年	2017 年	2000 年	2017 年
北京	3.6	0.4	38.1	19.0	58.3	80.6
天津	4.5	0.9	50.0	40.9	45.5	58.2
河北	16.2	9.2	50.3	46.6	33.5	44.2
山西	10.9	4.6	50.3	43.7	38.7	51.7
内蒙古	25.0	10.2	39.7	39.8	35.3	50.0
辽宁	10.8	8.1	50.2	39.3	39.0	52.6
吉林	21.9	7.3	43.9	46.8	34.2	45.8
黑龙江	11.0	18.6	57.4	25.5	31.6	55.8
上海	1.8	0.4	47.5	30.5	50.6	69.2
江苏	12.0	4.7	51.7	45.0	36.3	50.3
浙江	11.0	3.7	52.7	42.9	36.3	53.3
安徽	24.1	9.6	42.7	47.5	33.2	42.9
福建	16.3	6.9	43.7	47.7	40.0	45.4
江西	24.2	9.2	35.0	48.1	40.8	42.7
山东	14.9	6.7	49.7	45.4	35.5	48.0
河南	22.6	9.3	47.0	47.4	30.4	43.3
湖北	15.5	9.9	49.7	43.5	34.9	46.5
湖南	21.3	8.8	39.6	41.7	39.1	49.4
广东	10.4	4.0	50.4	42.4	39.3	53.6

地区	第一产业（%）		第二产业（%）		第三产业（%）	
	2000 年	2017 年	2000 年	2017 年	2000 年	2017 年
广西	26.3	15.5	36.5	40.2	37.2	44.2
海南	37.9	21.6	19.8	22.3	42.3	56.1
重庆	17.8	6.6	41.4	44.2	40.8	49.2
四川	23.6	11.5	42.4	38.7	34.0	49.7
贵州	27.3	15.0	39.0	40.1	33.7	44.2
云南	22.3	14.3	43.1	37.9	34.6	47.8
西藏	30.9	9.4	23.2	39.2	45.9	51.5
陕西	16.8	8.0	44.1	49.7	39.1	42.4
甘肃	19.7	11.5	44.7	34.3	35.6	54.1
青海	14.6	9.1	43.2	44.3	42.1	46.6
宁夏	17.3	7.3	45.2	45.9	37.5	46.8
新疆	21.1	14.3	43.0	39.8	35.9	45.9

资料来源：中国统计年鉴。

那么，三大产业经济增长的拉动能力如何呢？如图 3 - 12 所示：2000年，第一产业经济拉动能力为 0.4%、第二产业为 5.1%、第三产业为3.1%；2017 年，第一产业经济拉动能力为 0.3%、第二产业为 2.5%、第三产业为 4%。从变化趋势来看，第二产业依然是拉动经济增长的主导力量，但呈下降趋势，第三产业经济拉动能力次之，近年来却呈上升趋势，第一产业拉动经济增长能力最弱。而西部地区第一产业产值结构占比整体偏高，这可能是导致其经济发展相对落后的重要原因之一。

产业结构布局既依赖于外部市场环境的变化，同时与一地交通区位、资源禀赋等客观条件密切相关。东部地区在交通区位、人力资本、信息科技等方面拥有先发优势，第三产业逐渐成为其产业结构的构成主体，而中西部地区自然资源丰富，一方面可通过自主开发、招商引资等方式加快产业转型升级步伐，不断提高第一、第二产业科技含量；另一方面，可借助国家"一带一路"建设战略机遇，大力发展物流、旅游等第三产业，充分发挥第三产业的经济增长拉动能力，提升地区市场经济整体发展水平。

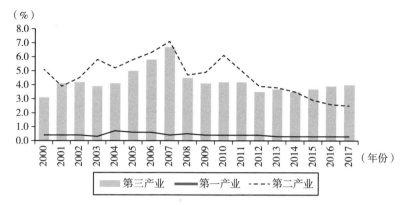

图 3 - 12 2000 ~ 2017 年三大产业经济增长拉动能力

资料来源：中国统计年鉴。

3.4.2 贫困地区企业资源

产业发展依赖于企业的参与和推动。一地企业资源丰富，不仅能够释放该地资源的市场价值，为地方政府提供较高的税收收入，增强其财力，有利于地方政府履行收入分配调控职能，还可以就地创造较多的就业岗位，帮助地方贫困人口拓宽就业渠道实现转移性就业，进而获得较为稳定的工资性收入。东部地区经济发达，企业资源丰富，对农村反贫困的辐射带动能力强；中西部地区经济落后，企业资源相对匮乏，对农村反贫困的辐射带动能力也相对较弱。在此，以企业所得税占地方财政收入比重来判断一地企业资源多寡情况，也进一步佐证东中西部地区市场发展程度差异。如图 3 - 13 所示：在 2000 ~ 2017 年间，东部地区企业所得税占地方财政收入比重一直高于中西部地区，中部地区则一直高于西部地区。

根据中国农村贫困人口主要集中在中西部地区的分布特征，并结合表 3 - 5、图 3 - 13 反映的中西部地区产业结构和企业资源实际，说明农村反贫困必须高度重视一地市场经济发展，充分发挥市场在资源配置中的决定性作用。而企业是市场经济最活跃的细胞，中西部地区政府应高度重视优化营商环境，加强培育或大力引入更多的外部企业参与该地自然和人文资源开发，不断增强自身市场经济实力，为农村反贫困提供强有力的市场环境支持。

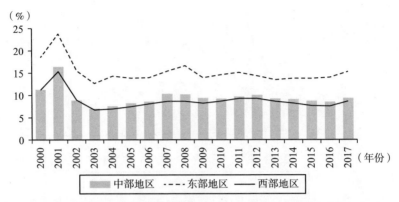

图3-13 2000~2017年东中西部地区企业所得税占地方财政收入比重

资料来源：根据中国统计年鉴数据计算整理。

3.4.3 贫困地区农业现代化程度

根据表3-5，可以看出2017年较之2000年，第一产业产值在东西部地区均呈下降趋势，但相对于东部地区，西部地区第一产业产值仍占一定比重。那么，东西部地区第一产业现代化程度相比较如何，西部地区第一产业产值是否还有进一步的市场潜力释放？实际上，农业现代化对促进农村经济发展有着重要意义：一方面，伴随着快速城镇化进程，农村劳动力不断向城镇转移，导致农村土地资源大量闲置，在当前政府大力鼓励农村土地流转背景下，通过机械化实现规模化、高效化利用农村土地资源可以最大化发挥土地资源的规模效应。同时，还可以释放农村劳动力，不仅使其能够通过土地流转获得财产性收入，还能够通过转移性就业获取更多的工资性收入。另一方面，通过机械化作业提升农业科技含量，发展有机生态现代化农业，可以进一步提高农业产业市场价值，从而促进农村贫困地区宏观经济的整体发展。

如图3-14所示：2000年，东部地区农用机械总动力为24253.94万千瓦，到2017年，为31936.44万千瓦，增幅为31.68%；2000年，中部地区农用机械总动力为17613.06万千瓦，到2017年，为39725.41万千瓦，增幅为125.55%；2000年，西部地区农用机械总动力为10706.61万千瓦，到2017年，为27121.5万千瓦，增幅为153.32%。

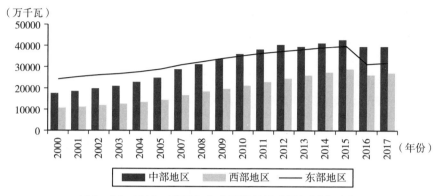

图 3 – 14 2000~2017 年东中西部地区农用机械总动力

资料来源：根据中国统计年鉴数据计算整理。

分地区比较来看：2000 年，东部地区农用机械总动力是西部地区的 2.27 倍，2017 年为 1.18 倍；2000 年，中部地区农用机械总动力是西部地区的 1.65 倍，2017 年为 1.46 倍。从变化趋势来看，2010 年以前，东部地区领先于中西部地区，自 2010 年，中部地区开始领先，但西部地区与东中部地区的差距呈缩小趋势。尽管这一趋势正在缩小，但需要看到的是：东部相当部分省份，如北京、天津、上海并不是农业主产区，而西部地区大部分省份农业产业占相当比例，这意味着西部农业产业的机械化水平仍然明显落后于东中部地区，进一步加快西部地区农业机械化、科技化水平不断提升其产业附加值，对促进地方经济发展显得尤为重要。

3.5 农村贫困地区社会事业发展特征分析

3.5.1 农村贫困地区教育文化事业

贫困是否与接受教育文化年限的关联程度如何？社会普遍认为居民接受的教育文化年限越高，其创造财富的能力越强，反之，居民个体教育文化素质越低，创造财富的能力也越弱。那么，中国民众的教育文化素质现状如何？东中西地区间存在多大程度上的差异？为此，本书搜集整理了

2017 年东、中、西部地区文盲和大中专学历及以上人口在抽样数据中的各自占比情况①，如图 3 – 15 所示：2017 年，东部地区文盲占比为 35.64%，中部地区为 28.16%，西部地区为 36.2%。可以看出：西部地区文盲占比最高、东部次之、中部最低。可见，地区越贫困，居民教育文化素质也越低。而东部地区文盲占比高于中部地区，可能与样本抽样因素有关，还有可能是因为中部地区的湖北、湖南、河南、安徽等省份均为教育大省，居民家庭对教育比较重视，所以入学率相对较高，而东部地区省份间经济发展程度不一，不同省份居民家庭对教育的重视程度也存在一定差异，从而提高了东部地区的比重。

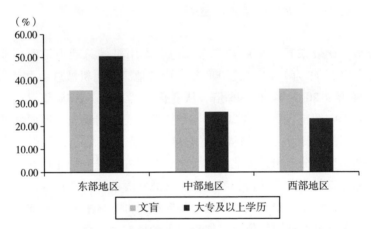

图 3 – 15　2017 年东中西部地区文盲、大专及以上学历比较情况

资料来源：根据中国统计年鉴数据整理（抽样数据）。

实际上，自 1986 年颁布《中华人民共和国义务教育法》，以法律形式明确九年义务教育以来，国家对东中西部地区均建立了较为完善的义务教育经费保障机制，家庭贫困对地区间文盲率差异的影响大大降低。之所以出现地区间文盲率差异现象，更多的与学生家长对教育重要性的认识、学生自身非自愿上学等因素相关。受观念、信息、交通等因素影响，使得西部地区文盲率整体依然高于东中部地区。

---

① 根据中国统计年鉴说明：数据来源为 2015 年全国 1% 人口抽样调查样本数据，抽样比为 1.55%，抽样对象是 15 岁及以上人口。

再来比较东中西部地区大专及以上学历，即高教育文化素质人口情况：2017 年，东部地区大专及以上学历人口占比为 50.49%，中部地区次之，为 26.27%，西部地区则最低，为 23.24%。东部地区高学历人口占比是西部地区的两倍多，这进一步佐证了居民教育文化素质越高，一地经济越发达；反之，居民教育文化素质落后，也会制约一地经济发展。要实现农村反贫困目标，政府必须高度重视落后贫困地区的教育文化事业发展，不断提升农村居民人力资本价值，增强其自我财富创造能力。

3.5.2　农村贫困地区医疗卫生事业

因病致贫是农村家庭陷入贫困的重要因素之一，及时、便利的接受医疗治疗可以有效预防疾病或阻止疾病扩大化，从而降低农村贫困家庭医疗卫生方面的经济开支。为此，各级政府高度重视农村医疗卫生事业建设。从农村医疗卫生的硬件投入来看，如图 3 - 16 所示：全国范围内，2000 年，设卫生室的村数占行政村数比重为 89.8%，到 2017 年，达到了 92.8%，比例最高年份则在 2011 年，达到了 93.4%，这意味着几乎所有行政村均建设有村级卫生室。

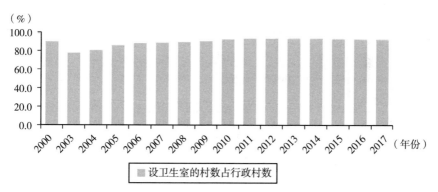

图 3 - 16　2000 ~ 2017 年设卫生室的村数占行政村数比重

资料来源：中国统计年鉴。

进一步观察全国各地村级卫生室覆盖情况，为此，本书搜集整理了 2013 ~ 2017 年省级面板数据，如表 3 - 6 所示：首先观察东部地区，北京、天津、上海、浙江、山东五省份设卫生室村数占行政村比例未达到100%，而且呈逐年下降趋势，河北、辽宁、福建、海南均达到了100%；其次，中部地区仅湖北省未达到100%，但呈上升趋势；最后，西部地区仅陕西2013年和2014年未达到100%，其余省份均达到了100%，这些数据充分说明了村级卫生室在我国广大农村的覆盖率。

表 3 - 6　　　　　　　　各省份卫生室及卫生技术人员配置情况

地区	2013 年		2014 年		2015 年		2017 年	
	设卫生室村数占行政村数（%）	每千农村人口卫生技术人员（人）	设卫生室村数占行政村数（%）	每千农村人口卫生技术人员（人）	设卫生室村数占行政村数（%）	每千农村人口卫生技术人员（人）	设卫生室村数占行政村数（%）	每千农村人口卫生技术人员（人）
北京	73.3	8.14	71.2	8.09	70.3	8.6	68.8	
天津	60.1	5.28	63.5	5.52	66.1	5.5	69.0	7.72
河北	100.0	3.18	100.0	3.25	100.0	3.4	100.0	3.98
山西	100.0	3.78	100.0	3.85	100.0	3.9	100.0	4.10
内蒙古	100.0	4.08	100.0	4.40	100.0	4.6	100.0	5.13
辽宁	100.0	4.14	100.0	3.40	100.0	3.5	100.0	3.41
吉林	100.0	3.70	100.0	4.45	100.0	4.5	100.0	5.04
黑龙江	100.0	3.74	100.0	3.82	100.0	3.9	100.0	4.19
上海	84.0	7.66	81.6	7.58	79.8	7.7	74.9	7.68
江苏	100.0	3.94	100.0	4.29	100.0	4.3	100.0	4.99
浙江	43.7	5.69	43.0	5.82	42.5	6.1	42.0	6.87
安徽	100.0	2.63	100.0	2.78	100.0	2.9	100.0	3.19
福建	100.0	3.74	100.0	3.81	100.0	4	100.0	4.08
江西	100.0	2.95	100.0	3.01	100.0	3.1	100.0	3.26
山东	71.9	5.02	73.4	4.83	72.9	4.7	71.5	4.84
河南	100.0	3.09	100.0	3.19	100.0	3.30	100.0	3.53
湖北	97.5	3.78	97.9	4.17	98.7	4.4	98.7	4.83
湖南	100.0	3.37	100.0	3.48	100.0	3.8	100.0	4.15
广东	100.0	3.04	100.0	3.31	100.0	3.4	100.0	3.90

续表

地区	2013 年		2014 年		2015 年		2017 年	
	设卫生室村数占行政村数（%）	每千农村人口卫生技术人员（人）	设卫生室村数占行政村数（%）	每千农村人口卫生技术人员（人）	设卫生室村数占行政村数（%）	每千农村人口卫生技术人员（人）	设卫生室村数占行政村数（%）	每千农村人口卫生技术人员（人）
广西	100.0	3.35	100.0	3.58	100.0	3.6	100.0	3.89
海南	100.0	3.84	100.0	4.11	100.0	3.9	100.0	4.10
重庆	100.0	3.55	100.0	3.23	100.0	3.4	100.0	3.69
四川	100.0	3.56	100.0	3.76	100.0	3.9	100.0	4.47
贵州	100.0	2.87	100.0	2.99	100.0	3.2	100.0	3.63
云南	100.0	3.27	100.0	3.49	100.0	3.8	100.0	4.56
西藏	100.0	2.95	100.0	3.29	100.0	3.3	100.0	3.04
陕西	97.3	4.54	97.6	4.78	100.0	4.9	100.0	5.65
甘肃	100.0	3.29	100.0	3.44	100.0	3.5	100.0	3.80
青海	100.0	3.58	100.0	3.58	100.0	3.6	100.0	4.13
宁夏	100.0	3.11	100.0	3.21	100.0	3.6	100.0	4.56
新疆	100.0	5.5	100.0	5.82	100.0	6.1	100.0	6.43

资料来源：中国统计年鉴（2016 年设卫生室村数占行政村数统计缺失）。

农村医疗卫生事业发展不仅需要硬件设施投入，更需要医疗卫生技术力量的配套，否则硬件设施只能作为形式上的摆设，不仅不能有效发挥其功能效应，对解决农村贫困地区因病致贫问题难以有所作为，还会造成财政资金的极大浪费。表 3－6 反映了各省份每千农村人口拥有的卫生技术人员数量：2013 年，每千农村人口拥有卫生技术人员人数最多的是北京，为 8.14 人，其次是上海，为 7.66 人；最低的是安徽，为 2.63 人。2015年，每千农村人口拥有卫生技术人员人数最多的仍是北京，为 8.6 人，最低的是安徽，为 2.9 人。2017 年，每千农村人口拥有卫生技术人员人数最多的是天津，为 7.72 人，最低的依然还是安徽，为 3.19 人。

东部地区设卫生室村数占行政村数的比重呈下降趋势，相反，每千农村人口拥有的卫生技术人员数量在增加。东部地区经济发达，政府财力有较好的保障，设卫生室村数占行政村数比重却不断下降，要么说明卫生室数量得以减少，要么是行政村数量增加。而由于行政区划的调整合并，我国行政村数量实际上是呈递减趋势的，因此，可推测东部地区农村卫生室资源被整合，"一村一卫"政策设计存在浪费财政资金的可能。尤其是当卫生技术人员力量不匹配，这些硬件资源将无法得以有效利用。

再进一步观察城乡间医疗卫生力量差异情况，如图 3 - 17 所示：2000年，城市每千人口卫生技术人员为 5. 17 人，农村为 2. 41 人，城市为农村的 2. 15 倍；2017 年，城市每千人口卫生技术人员为 10. 87 人，农村为 4. 28 人，城市为农村的 2. 54 倍。2000 ~ 2017 年间，城乡间每千人口卫生技术人员差距整体上呈扩大趋势。

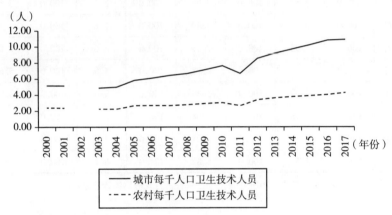

图 3 - 17　2000 ~ 2017 年城市、农村每千人口卫生技术人员变化趋势

资料来源：中国统计年鉴（2002 年数据缺失）。

结合表 3 - 6、图 3 - 17，可以看出：一方面在政府不断的财力投入下，农村医疗卫生硬件设施不断完善；另一方面，城市、农村间医疗卫生软件资源差距却在不断扩大，城市更能吸引医疗卫生技术人员，使得农村医疗卫生硬件资源与软件技术力量不匹配。实际上，结合对部分农村贫困地区的实地调研，由于农村医疗卫生人才、技术力量未及时跟进，导致大量农村卫生室被闲置浪费，严重浪费了财政资金，应调整优化财政政策设计，注重农村贫困地区医疗卫生硬件资源与软件资源的匹配供给。

3.5.3 农村贫困地区公共服务设施状况

完善的公共服务设施既有助于便利农村贫困地区居民的日常生产生活，降低其生产生活成本，还有利于其及时了解掌握外部市场信息，增强生产生活决策的科学性。而长期以来，农村贫困地区居民由于所处地理环境偏僻，公共服务设施匮乏，导致较少接触外部环境，其思想观念陈旧落后，未能及时跟进时代发展步伐，从而陷入了物质与精神同时贫困状态，因此，完善农村贫困地区公共服务设施对农村反贫困意义重大。那么，农村贫困地区公共服务基础设施现状如何？在此，搜集了较具代表性的连片特困地区农村基础设施和公共服务情况数据，如表 3 - 7 所示。

表 3 - 7　2013 ~ 2017 年连片特困地区农村基础设施和公共服务情况　单位：%

指标	2013 年	2014 年	2015 年	2016 年	2017 年
所在自然村通公路的农户比重	98	98.9	99.7	99.8	99.9
所在自然村通电话的农户比重	98.1	99.2	99.7	99.9	99.9
所在自然村能接收有线电视信号的农户比重	76.8	86.5	90.4	93.4	96.3
所在自然村进村主干道路硬化的农户比重	88.4	90.1	93.7	95.6	97.3
所在自然村能便利乘坐公共汽车的农户比重	53.5	55.4	58.3	61.2	65.7
所在自然村通宽带的农户比重	—	—	70	77.4	85.6
所在自然村垃圾能集中处理的农户比重	30.3	34.8	43.1	49.5	59.1
所在自然村有卫生站的农户比重	83.6	86.2	89.2	90.6	91.3
所在自然村上幼儿园便利的农户比重	70.8	74.2	75.3	79.6	84.7
所在自然村上小学便利的农户比重	79.5	81.2	81.2	85.2	88

资料来源：2018 中国农村贫困监测报告。

可以看出，在政府多年的财政资金投入下，连片特困地区农村基础设施和公共服务水平整体上逐年得到改善。进一步分地区比较来看，如表 3 – 8 所示。

表 3 – 8　　　　　　2017 年连片特困地区公共服务设施状况　　　　单位：%

片区	能接收有线电视信号的农户比重	通宽带的农户比重	进村主干道路硬化的农户比重	能便利乘坐公共汽车的农户比重	上幼儿园便利的农户比重	上小学便利的农户比重
六盘山区	99.7	85.3	97.9	84.2	83.6	90.9
秦巴山区	98.8	87.3	98.2	67.5	81.9	85.3
武陵山区	95.7	80.4	99	62.7	80.9	81.1
乌蒙山区	93.7	72.7	94	53.2	86.4	92.1
滇黔桂石漠化区	94.6	86.2	95.7	55.4	83.4	90.7
滇西边境山区	97.6	83.8	92.6	51.2	78.9	85.0
大兴安岭南麓山区	100.0	94.3	99.5	90.4	82.3	87.7
燕山—太行山区	97.2	92.8	98.4	86.7	86.0	82.1
吕梁山区	100.0	76.2	96.5	82.6	63.5	58.8
大别山区	95.5	95.4	99.1	66.6	93.4	95.7
罗霄山区	98.5	96.0	100.0	67.3	90.6	91.7
西藏区	77.0	27.1	100.0	51.0	90.2	95.1
四省藏区	85.7	59.7	88.2	48.1	73.6	78.8
南疆三地州	93.5	98.1	100.0	73.7	98.6	97.2

资料来源：2018 中国农村贫困监测报告。

通过比较，可以看出连片特困地区公共服务设施改善程度也存在层次不一情形。实际上，农村贫困地区公共服务设施完善程度与两方面因素密切相关：一是政府财政资金的投入力度；二是自身地理环境的恶劣程度。随着政府财力的不断增强，加大对农村尤其是农村贫困地区公共服务设施的财政资金投入力度，加快促进城乡公共服务均等化，这无疑有助于农村反贫困战略目标的及时实现。然而，政府财力是有限且应是有作用边界的，对待地理贫困型的农村贫困群体，要注重财政资金投入的科学性，衡量比较财政资金的机会成本；对于"一方水土养活不了一方人"的地理贫困型群体，可通过财政资金重点支持移民搬迁方式彻底扭转其"力所不逮"困境，避免财政资金盲目投入形成"高成本、低产出"的反贫困结局。

本章节通过一系列图表直观显示以及描述性分析，我们可以了解到：一是从整体来看，中国农村贫困人口数量逐年在不断下降，充分体现了农村反贫困的成效极为显著；从区域来看，当前农村贫困人口西部地区最多，中部地区次之，东部地区最少。同时，连片特困地区又是农村贫困人口的主要集中区域。二是从收入水平来看，尽管中国农村居民收入水平在不断提高，但城乡居民间人均收入差距呈逐年增长之势、东中西部地区农村居民间人均收入也呈不断扩大趋势，这说明相对贫困问题日益严峻，不容忽视。三是从市场经济发展特征来看，贫困地区第三产业发展相对滞后、企业资源较为匮乏、农业现代化程度不高，对农村贫困人口的经济辐射带动能力有限。四是从社会事业发展特征来看，西部地区文盲率最高，高学历人口占比又最低，教育文化素质不高制约了农村贫困人口自身的脱贫致富能力；政府对农村贫困地区的医疗卫生硬件设备与软件力量投入不匹配，不仅会导致财政资金严重浪费，还极大制约了农村反贫困实际效果；农村贫困地区交通、教育、通信等公共服务设施得到极大改善，降低了群众日常生产生活成本，便利了市场化参与，有助于反贫困。

第4章 中国农村反贫困财政政策效应实证与典型案例分析

4.1 农村反贫困财政政策效率测度分析

4.1.1 效率测度方法

本书选择采用托恩[①]（2001）提出的非角度、非径向 SBM 模型对我国农村反贫困财政政策效率进行测度，可以很好地处理非期望产出的效率评价问题。同时，通过将松弛变量放在目标函数中，不仅解决了投入产出的松弛问题，还可以避免角度、径向选择不同所引起的效率测度差异。

假设有 n = 1, 2, 3, …, n 个决策单元；m = 1, 2, 3, …, m 种投入；s_1 = 1, 2, 3, …, s_1 种期望产出；s_2 = 1, 2, 3, …, s_2 种非期望产出。则本书构建的中国农村反贫困财政政策效率测度的 SBM 模型如下：

$$\min \quad \rho^* = \frac{1 - \dfrac{1}{m} \sum_{i=1}^{m} \dfrac{s_i^-}{x_{io}}}{1 + \dfrac{1}{s_1 + s_2} \left(\sum_{r=1}^{s_1} \dfrac{s_r^g}{y_{ro}^g} + \sum_{r=1}^{s_2} \dfrac{s_r^b}{y_{ro}^b} \right)} \tag{4.1}$$

$$\text{Subject to} \quad x_0 = X\lambda + s^-$$

$$y_0^g = Y^g\lambda - s^g$$

---

① Tone K. A slacks-based measure of efficiency in data envelopment analysis [J]. European Journal of Operational Research, 2001, 130 (3): 498 –509.

$$y_0^b = Y^b \lambda + s^b$$

$$s^- \geq 0, \ s^g \geq 0, \ s^b \geq 0, \ \lambda \geq 0. \tag{4.2}$$

其中，ρ^* 为目标函数（效率评价指标）；x_0 为该决策单元的投入向量，y_0^g 为该决策单元的期望产出向量，y_0^b 为该决策单元的非期望产出向量；X，Y^g 和 Y^b 分别为决策单元的投入矩阵、期望产出矩阵和非期望产出矩阵；λ 为列向量；s^-，s^g，s^b 分别表示各项投入，期望产出和非期望产出指标的松弛变量，其中 s^- 和 s^b 代表投入和非期望产出的冗余，s^g 代表期望产出的不足。当 $\rho = 1$ 时，该决策单元是有效的，等价于 $s^- = 0$，$s^b = 0$，$s^g = 0$，即在最佳状下没有投入产出松弛；当 $0 < \rho < 1$ 时，说明该决策单元是非有效的，它也可以通过改进，实现最佳效率。即：$x_0^* = x_0 - s^{-*}$，$y_0^{g*} = y_0^g + s^{g*}$，$y_0^{b*} = y_0^b - s^{b*}$。

基于以上分析，本书采取加入非期望产出的 SBM 模型对我国农村反贫困财政政策的效率进行测度。

4.1.2　指标选取

1. 投入指标

（1）针对农村能力贫困本书采用的指标分别为：农村教育经费财政支出、每千农村人口卫生技术人员数和设卫生室的村数占行政村数比例。其中：农村教育经费财政支出作为针对农村能力贫困中的教育贫困所实施的财政政策举措，为政府对农村幼儿园教育经费财政支出、农村小学教育经费财政支出、农村初中教育经费财政支出和农村高中教育经费财政支出四类支出的总和；每千农村人口卫生技术人员数、设卫生室的村数占行政村数比例分别表示针对农村能力贫困中的健康贫困所实施的医疗软件和硬件方面改善的财政政策举措。

（2）针对农村动力贫困本书选择的指标为农村最低生活保障支出，之所以选择农村最低生活保障支出是因为在实地调研中发现：随着国家对农村最低生活保障标准的不断提高，相当部分贫困群体获得的农村最低生活保障越多，脱贫致富的动力越不足，极容易满足于维持最基本生存需要的生活状态。

（3）针对农村地理贫困本书采用的指标为农林水事务财政支出，农林水事务财政支出是促进农村贫困居民就地发展农业产业实现增收的重要财政政策举措，能有效克服农村生产基础设施投入不足、地理位置偏僻等原因导致的贫困。

2. 产出指标

本书选择农村贫困发生率作为产出指标，其中：农村居民人均可支配收入为期望产出，农村贫困发生率为非期望产出。各指标变量的描述性统计如表 4-1 所示。本书数据来源于历年的《中国统计年鉴》《中国农村贫困监测报告》《中国教育统计经费年鉴》《中国农村统计年鉴》。

表 4-1　　　　　　　　　　指标变量的描述性统计

	指标	均值	标准差	最小值	最大值
投入	农村教育经费财政支出（亿元）	338.88	225.03	31.61	1036.75
	每千农村人口卫生技术人员数（人）	4.1	1.41	1.78	9.38
	设卫生室的村数占行政村数比例	0.942	0.137	0.42	1
	农村最低生活保障支出（亿元）	27.24	18.42	1.13	76.13
	农林水事务财政支出（亿元）	444.43	221.95	67.14	1023.13
产出	农村居民人均可支配收入（元）	10327.36	4485.73	3424.65	27825.00
	农村贫困发生率	0.091	0.087	0	0.451

4.1.3　测算结果

本书在构建农村反贫困财政投入和产出指标基础上，采用非角度、非径向的 SBM 模型对我国 31 个省份地区（含直辖市、自治区）农村反贫困财政政策的效率进行了测算，具体结果如表 4-2 所示。

表 4-2　　　　　　　　各地区农村反贫困财政政策效率

区域	2010 年	2011 年	2012 年	2013 年	2014 年	2015 年	2016 年	2017 年	均值	排序
北京	1.000	0.802	0.836	0.762	1.000	1.000	1.000	1.000	0.919	12
天津	1.000	1.000	1.000	1.000	1.000	1.000	1.000	1.000	1.000	1

续表

区域	2010 年	2011 年	2012 年	2013 年	2014 年	2015 年	2016 年	2017 年	均值	排序
河北	0.568	0.647	0.723	0.820	0.736	0.697	0.640	0.599	0.675	17
辽宁	0.714	0.786	0.791	0.635	1.000	1.000	1.000	1.000	0.854	14
上海	1.000	1.000	1.000	1.000	1.000	1.000	1.000	1.000	1.000	1
江苏	1.000	1.000	1.000	1.000	0.829	1.000	1.000	0.628	0.922	11
浙江	1.000	1.000	1.000	1.000	1.000	1.000	1.000	1.000	1.000	1
福建	1.000	1.000	1.000	1.000	1.000	1.000	1.000	1.000	1.000	1
山东	0.662	0.615	0.470	0.458	0.505	0.663	1.000	1.000	0.643	20
广东	1.000	1.000	1.000	1.000	1.000	1.000	1.000	1.000	1.000	1
海南	0.907	1.000	1.000	1.000	1.000	1.000	1.000	1.000	0.988	7
东部均值	0.880	0.882	0.873	0.856	0.898	0.932	0.960	0.915	0.899	
山西	0.518	0.541	0.555	0.568	0.568	0.589	0.594	0.598	0.566	22
吉林	0.542	0.577	0.599	1.000	0.640	0.611	0.690	0.655	0.653	18
黑龙江	0.576	1.000	1.000	0.787	0.721	0.665	0.675	0.680	0.750	16
安徽	1.000	1.000	1.000	1.000	1.000	1.000	1.000	1.000	1.000	1
江西	0.819	1.000	1.000	1.000	0.928	0.954	0.935	1.000	0.952	10
河南	0.583	0.668	0.683	0.663	0.647	0.652	0.660	0.599	0.644	19
湖北	0.539	0.610	0.612	0.560	0.514	0.505	0.542	0.544	0.552	23
湖南	0.542	0.569	0.570	0.587	0.570	0.545	0.517	0.514	0.551	24
中部均值	0.623	0.720	0.728	0.747	0.681	0.671	0.684	0.678	0.690	
内蒙古	0.515	0.540	0.548	0.565	0.510	0.508	0.571	0.542	0.537	26
广西	0.514	0.532	0.525	0.537	0.526	0.561	0.545	0.581	0.540	25
重庆	0.655	0.871	0.826	0.939	1.000	1.000	1.000	1.000	0.903	13
四川	0.468	0.523	0.502	0.506	0.481	0.496	0.497	0.488	0.495	28
贵州	1.000	1.000	1.000	0.779	0.772	0.783	0.723	0.632	0.825	15
云南	0.552	0.647	0.563	0.494	0.485	0.493	0.501	0.492	0.526	27
陕西	0.478	0.481	0.480	0.483	0.483	0.484	0.502	0.521	0.489	29
甘肃	0.545	0.559	0.557	0.557	0.553	0.636	0.664	0.648	0.588	21
青海	1.000	1.000	1.000	1.000	0.848	1.000	1.000	0.817	0.955	9

区域	2010 年	2011 年	2012 年	2013 年	2014 年	2015 年	2016 年	2017 年	均值	排序
宁夏	1.000	1.000	1.000	1.000	1.000	1.000	1.000	0.824	0.976	8
新疆	0.493	0.481	0.503	0.484	0.466	0.439	0.464	0.481	0.476	30
西部均值	0.626	0.663	0.652	0.639	0.619	0.640	0.650	0.620	0.638	
全国均值	0.708	0.753	0.747	0.742	0.728	0.744	0.760	0.732	0.739	

全国范围来看，2010～2017 年间，农村反贫困财政政策的效率均值为 0.739，较之 2010 年的 0.708 有所提升，但是还有一定的提升空间。2017 年全国均值为 0.732，整体上较之前面几年有所下降，出现这种现象一方面可能是随着扶贫开发进入最后攻坚阶段，尤其是在连片特困地区，由于贫困原因多样、贫困结构复杂，农村反贫困的难度更大，单位财政投入较之以前的脱贫产出也出现了下降；另一方面，受脱贫任务压力影响，一些地方"输血式"扶贫没有提高农村反贫困效率，反而因政策设计不合理、政策执行扭曲等原因降低了财政政策效率。分区域来看：

东部地区：2010～2017 年效率均值为 0.899。但其实在 2014 年，北京、天津、辽宁、上海、浙江、福建、广东和海南的农村反贫困财政政策效率值均已达到了 1。说明这些地区在设计科学合理、贯彻执行有力的财政政策举措下，基础设施不断完善、产业结构不断优化、公共服务水平不断提升，从而提高了这些地区的农村反贫困财政政策效率，与东部沿海经济发达地区广大农村已经实现脱贫致富奔小康的现实情形相符。

中部地区：2010～2017 年效率均值为 0.69。最高的省份是安徽，达到了 1，而且在 2010～2017 年间，均达到了 1；其次是江西，达到了 0.952；再次是黑龙江，效率值为 0.75；山西、湖北和湖南的效率值则均在 0.6 以下，吕梁山区、武陵山区和大别山区等集中连片特困地区就主要分布在这几个省份。

西部地区：2010～2017 年效率均值为 0.638。位列前三的是宁夏、青海和重庆，均在 0.9 以上，其中：宁夏和青海效率值较高，这可能是在多年来纵向上中央财政、横向上对口省份帮扶支援下，扶贫开发工作取得了较大进步。一方面通过完善农牧业生产基础设施，有效增加了继续从事农牧业的农村贫困家庭收入；另一方面，随着城镇化水平的不断提高，一部分农牧业人口转型从事第二、第三产业，在城镇化的辐射带动下，收入提高而逐步实现脱贫。据中国统计年鉴数据显示，2017 年宁夏和青海城镇化率分别达到了 57.98% 和 53.07%，高于中西部较多省份。与之相反的是云南、四川、陕西和新疆四地的农村反贫困财政政策效率值处于全国最低水平，而新闻媒体频频曝光的四川大凉山、贵州大石山区的深度贫困报道就是最好的现实印证，这些地区的农村反贫困任务十分艰巨。

4.2　农村反贫困财政政策影响效应分析

4.2.1　数据来源

为了探讨基于本书假设的"能力贫困""动力贫困"和"地理贫困"对农村贫困的影响，本书的核心被解释变量采用 2010～2017 年农村贫困发生率，数据来源于《中国农村贫困监测报告》；城镇化（urban）、农村医疗卫生条件（med0，med2）、农林水事务财政支出（afiscal）、农村人均耕地面积（rtillage）和当年各省第一产业产值占各省 GDP 的比重（indus1）数据来源于《中国统计年鉴》；农村教育经费财政支出（edu）数据来源于《中国教育统计经费年鉴（2011 - 2018）》；各地区农村社会救济变量（socialwel）数据来源于《中国农村统计年鉴（2011 - 2018）》。另外，因西藏自治区 2010～2013 年的农村高中和初中教育经费财政支出数据全部缺失，且缺失量较多，考虑平衡面板数据问题，本书剔除西藏这一截面，对其余 30 个省（含直辖市、自治区，简称省）进行统计回归分析。

4.2.2　变量说明

本书农村贫困变量指标选取的是农村贫困发生率。控制变量选取的指标是城镇化（urban）和各省份第一产业产值占各省份 GDP 的比重（indus1），其中：城镇化变量用当年各省城镇人口占总人口的比重来表示，可以大致体现一个地区经济发展的整体水平，能够对农村反贫困形成辐射效应，预计其符号显著为负；第一产业产值比重代表了一个地区农业生产水平，对农村居民增收存在一定的影响，尤其是对处在贫困线以下的农村贫困户而言，劳动技能和生计资本的缺失使得这类农户外出打工挣钱的概率大大降低，这使得其选择在家务农成为了一种最为经济的生存方式，故也选取了该变量作为控制变量，预计其符号显著为负。

针对前文假设的"能力贫困"采用的是农村教育经费财政支出（edu）和农村医疗卫生条件（med0，med2）两个变量。其中：（1）农村教育经费财政支出是以下四类支出的总和，即各省历年农村幼儿园教育经费财政支出、农村小学教育经费财政支出、农村初中教育经费财政支出和农村高中教育经费财政支出。根据发展经济学等学科理论，对教育的大量投入有利于促进人力资本增长，进而内化为经济增长的内生动力，在一定程度上有利于促进农村减贫，预计农村教育经费财政支出（edu）将有效促进农村减贫。（2）农村医疗卫生条件中的med0选取的指标是每千农村人口卫生技术人员数，在一定程度上可以代表农村医疗的软实力；med2选取的指标是设卫生室的村数占行政村数的比例，代表农村医疗的硬件设施条件。在med2数据的选取上，由于《中国统计年鉴》中缺少2016年各省设卫生室的村数占行政村数比例数据，采用插值法对各省在2016年前后两年的数据取均值，从而得到各省2016年设卫生室的村数占行政村数比例数据。

针对前文假设的"动力贫困"采用的是农村最低生活保障支出（socialwel）变量。农村最低生活保障支出作为我国财政扶贫资金中的一项重要支出，占政府扶贫资金的比重逐年上升，然而作为"输血式"扶贫方式的一部分，农村最低生活保障支出的脱贫效应还需进一步实证检验。

针对前文假设的"地理贫困"采用的是农林水事务财政支出（afiscal）和农村人均耕地面积（rtillage）两个变量。农林水事务财政支出（afiscal）的增加，可以改善农户耕种条件和耕种环境，从理论上，预计该变量系数的符号显著为负；农村人均耕地面积代表了农户的农业生计资本，预计其系数符号为负。变量、符号及其描述性统计如表4-3所示。

表 4 – 3 变量、符号及其描述性统计

变量	符号	样本数	均值	标准差	最小值	最大值
贫困发生率	p	240	0.091	0.087	0	0.451
城镇化	urban	240	0.560	0.127	0.338	0.896
第一产业产值占比	indus1	240	0.101	0.052	0.004	0.262
农村教育经费财政支出的自然对数	ledu	240	5.567	0.777	3.453	6.943
农村医疗卫生条件	med0	240	4.1	1.41	1.78	9.38
	med2	240	0.942	0.137	0.42	1
农村最低生活保障支出的自然对数	lsocialwel	240	2.958	0.983	0.119	4.332
农林水事务财政支出的自然对数	lafiscal	240	5.951	0.576	4.207	6.931
人均耕地面积的自然对数	lrtillage	240	0.701	0.644	-0.456	2.332

4.2.3　计量方法及模型

首先，可以想象，农户家庭上一期的贫困状况会继续影响下一阶段的生产决策，以致影响到本期贫困状况，甚至是下一期贫困状况，因此考虑农村贫困具有一定时期的延续性，应引入贫困的滞后期作为解释变量，形成动态面板分析。其次，引入贫困发生率的滞后期到解释变量中，会导致其滞后期与误差项存在相关性，进而引致组内估计量不一致的问题。再次，本书采用的数据截面 $N = 30$，时间跨度 $T = 8$，是一个典型的大 N 小 T 型面板数据。最后，考虑到医疗卫生条件（med0，med2）的缺失可能会导致农村贫困加剧，同时，农村贫困在一定程度上反映出当地区域经济的相对落后，落后的区域经济也会导致当地官员出于晋升激励将财政资源偏向投入到高增长及高税收行业中以获得高收益，造成农村医疗卫生设施等民生性公共服务配置缺位，因此，两者可能存在双向因果关系，故将med0，med2 设为模型中的内生变量。综合考虑以上问题，本书适用动态面板系统广义距估计方法（即系统 GMM）对农村贫困问题进行相关研究。

　　系统 GMM 方法的使用还需满足两个条件：一是需要随机扰动项不存在序列相关，所以在模型的实证中需要检验差分方程的一阶和二阶序列相关（AR(1) 与 AR(2)），若 AR(2) 的 P 值大于常用的显著性水平，则检验接受了扰动项不存在序列相关的原假设。二是要满足所有新增工具变量有效，应进行 Sargan 过度识别检验来验证新增工具变量的有效性，若 Sargan 检验的 P 值大于常用的显著性水平，则检验接受了工具变量有效性的原假设。

　　另外，在建立模型之前，考虑到以往相关文献研究贫困与城镇化之间可能存在的"U"型结构，即城镇化发展前期，扩大城镇化率可以显著降低贫困发生概率，然而城镇化的发展并不会一直有利于减贫的，可能存在一个使得贫困发生率最低的城镇化率，本书也将通过实证验证这种猜想。由此，构建以下模型进行实证检验。

　　控制变量模型：

$$p_{it} = \beta_0 + \alpha_1 p_{it-1} + \alpha_2 p_{it-2} + \beta_1 urban_{it} + \beta_2 urban_{it} + \beta_3 indus1_{it} + u_i + \varepsilon_{it} \quad (1)$$

（u_i 表示不随时间改变的个体异质性的扰动项，ε_{it} 表示随机扰动项，下同。）

　　能力贫困模型：

$$p_{it} = \beta_0 + \alpha_1 p_{it-1} + \alpha_2 p_{it-2} + \gamma_1 med0_{it} \\ + \gamma_2 med2_{it} + \gamma_3 ledu_{it} + \beta X + u_i + \varepsilon_{it} \quad (2)$$

（x 变量为上述两个控制变量，下同。）

　　动力贫困模型：

$$p_{it} = \beta_0 + \alpha_1 p_{it-1} + \alpha_2 p_{it-2} + \gamma_1 lsocialwel_{it} + \beta X + u_i + \varepsilon_{it} \quad (3)$$

　　地理贫困模型：

$$p_{it} = \beta_0 + \alpha_1 p_{it-1} + \alpha_2 p_{it-2} + \gamma_1 lrtillage_{it} + \gamma_2 lafiscal_{it} + \beta X + u_i + \varepsilon_{it} \quad (4)$$

　　综合模型：

$$p_{it} = \beta_0 + \alpha_1 p_{it-1} + \alpha_2 p_{it-2} + \gamma MED + \gamma_3 ledu_{it} + \gamma_4 lsocialwel_{it} \\ + \gamma_5 lrtillage_{it} + \gamma_6 lafiscal_{it} + \beta X + u_i + \varepsilon_{it}$$

$$（\gamma MED = \gamma_1 med0_{it} + \gamma_2 med2_{it}，上式略写。） \quad (5)$$

4.2.4 　回归结果分析

　　使用面板系统 GMM 方法对我国 2010～2017 年 30 个省的面板数据进行模型回归分析，回归结果如表 4-4 所示。

表 4 - 4　　　　　　　　　　统计回归结果

	(1)	(2)	(3)	(4)	(5)
	p	p	p	p	p
L. p	0.943 *** (36.47)	0.914 *** (60.71)	0.966 *** (26.72)	0.961 *** (29.35)	0.903 *** (16.44)
L2. p	-0.181 *** (-16.92)	-0.172 *** (-11.96)	-0.191 *** (-14.47)	-0.162 *** (-9.47)	-0.147 *** (-3.53)
urban	-1.158 *** (-5.27)	-0.78 *** (-15.64)	-0.958 *** (-5.08)	-0.358 *** (-3.75)	-0.463 *** (-4.14)
urban2	0.845 *** (4.41)	0.537 *** (13.74)	0.681 *** (4.50)	0.207 *** (3.10)	0.301 *** (3.46)
indus1	-0.148 *** (-4.11)	-0.107 ** (-2.18)	-0.135 *** (-4.11)	-0.0741 ** (-2.01)	-0.0611 (-0.97)
med0		-0.00355 *** (-4.37)			-0.00264 * (-1.95)
med2		-0.0363 *** (-4.11)			-0.025 * (-1.65)
ledu		-0.00316 *** (-2.94)			-0.0059 *** (-3.42)
lsocialwel			-0.00272 * (-1.65)		0.00353 ** (2.32)
lrtillage				-0.0166 *** (-7.93)	-0.0115 * (-1.80)
lafiscal				-0.00679 *** (-6.61)	-0.0026 (-1.36)
_cons	0.394 *** (6.25)	0.350 *** (15.68)	0.342 *** (5.47)	0.197 *** (5.41)	0.256 *** (5.90)
N	180	180	180	180	180
AR(1) 的 p 值	0.0666	0.0563	0.0505	0.0589	0.0900
AR(2) 的 p 值	0.1190	0.1654	0.1870	0.3555	0.2166
Sargan 的 p 值	0.1838	0.9788	0.2031	0.4990	1.0000

注：t statistics in parentheses.

* $p < 0.1$, ** $p < 0.05$, *** $p < 0.01$.

从模型（1）到模型（5）AR（2）的 P 值均大于常用显著性水平
0.05，说明模型接受了随机扰动项不存在自相关的原假设，所有 Sargan 的
p 值均大于 0.1，说明接受了所有工具变量均有效的原假设。说明模型适
用系统 GMM 方法。

模型（1）没有加入任何核心解释变量，首先对农村贫困和城镇化做
一个大致的关系判断。模型（1）~模型（5）的各项系数结果显示，贫困
和城镇化的关系确实大致存在一种"U"型结构关系，"U"型结构的结
论具备一定稳健性。其次，模型（1）~模型（5），第一产业占 GDP 比重
（indus1）的系数显著为负，这也验证了前文关于农业促进减贫的初步假
设：对于农村一部分无法通过职业培训提升技能实现第二、第三产业就业
的"能力贫困"群体而言，农业生产依旧是维持其日常生活、脱贫增收的
有效途径。

模型（2）中代表"能力贫困"的解释变量对农村贫困均具有显著的
促进减贫作用，说明了农村教育和医疗卫生条件的改善有助于缓解"能力
贫困"导致的农村贫困问题。值得注意的是，模型（3）中代表"动力贫
困"的解释变量 lsocialwel 符号为负，意味着具备一定的促进减贫效应，
但显著度不高。近年来，有学者质疑这种传统"输血式"扶贫的扶贫效
果，其减贫作用有待进一步验证。模型（4）中代表"地理贫困"的解释
变量 lrtillage 和 lafiscal 对农村贫困均具有显著的促进减贫作用，人均耕地
面积的增加意味着农户拥有更多的土地进行农务劳作，有利于其减贫增
收；农林水事务财政支出的增加可以改善农业生产条件，其检验结果也符
合一般常理逻辑。

观察综合模型（5），城镇化的"U"型减贫结构同样得以验证。第一
产业占 GDP 比重（indus1）的系数为 -0.0611 有助于减贫，但显著度有
所下降，正如前面假设，伴随着经济社会的发展和农业现代化程度的提
高，第一产业的减贫效应辐射范围有限。每千农村人口卫生技术人员
（med0）和设卫生室的村数占行政村数的比例（med2）系数均为负而且显
著，说明医疗卫生投入的重要性。农村教育经费投入的自然对数（ledu）
系数为 -0.0059 且非常显著，代表农村贫困发生率相对于教育经费投入的
半弹性为 -0.0059，意味着其他条件不变时，教育经费投入每增长 1%，
农村贫困发生率降低 0.0059，这充分验证了本书假设，即教育对农村反贫

困的重要性。值得一提的是，在综合模型中，社会救济变量的系数显著为0.00353，这说明以往的"输血式"扶贫不仅不能起到促进减贫作用，还会加重贫困，原因可能在于：政府的财政补贴对一些农村居民一定程度上带来了依赖性，存在争当贫困户享受低保等社会救济金的"养懒汉"行为。在加入本书所有核心解释变量后，人均耕地面积的自然对数（lrtill-age）的系数为 - 0.0115 而且显著，再次说明农业生计资本对"能力贫困"中部分贫困群体脱贫的重要性，农林水事务财政支出的自然对数（lafiscal）系数为 - 0.0026，但显著度有所下降。正如"土地是财富之母"，如果没有土地资源，农林水财政投入强度再大，其产出效应也是存在极限的。

纵观上述 5 个模型，关键解释变量和控制变量的符号整体上未发生改变，说明模型所假设的理论具有一定的稳健性。

4.3　农村反贫困典型案例分析

农村反贫困不仅仅是经济学问题，也是涉及社会学等多学科领域的综合研究命题，尽管本书落脚点是财政政策，但与多维视角观察并不矛盾冲突。社会学主要有资料分析和实地调查两种研究方式，著名社会学家、人类学家费孝通先生早在 20 世纪 30 年代仅以江苏吴江开弦弓村为例，即留下了经典著述《江村经济》，成为人类学实地调查和理论发展上的一个里程碑。以实地调查为前提，通过典型案例反映社会现象、透视其中逻辑机理的社会学研究范式，也为中国农村反贫困财政政策研究的切入视角提供了参考借鉴。

4.3.1　能力贫困型反贫困

对于能力贫困型中的教育贫困，本书认为，在农村贫困家庭子女求学阶段，即使家庭通过自身努力，并依托政府现有教育保障政策下依然陷入贫困困境，这种贫困属于正常的阶段性贫困。贫困家庭克服困难让其子女不断接受高阶段的教育，从而提升整个家庭的人力资本是实现脱贫的根本之道，这样的案例不胜枚举，故本书不结合具体个例进行例证分析。在此，重点选取能力贫困中的职业技能贫困和健康贫困典型予以观察分析。

能力贫困中的职业技能贫困案例：贫困户 A 于 2015 年经过精准识别被认定为建档立卡贫困户。观察其家庭特征：一是家庭结构。情况较为特殊，全家目前仅户主 A 一人，现年 30 岁，未婚。二是家庭条件。A 幼年时，父母离婚并各自组建了家庭，A 自小寄居在乡下叔叔家，本人无独立住房。拥有耕地 0.6 亩，经济林 25 亩（包含帮助父母代管的林地），主要用于种植油茶、板栗等经济作物。三是家庭能力禀赋。A 身体健康，自 15 岁初中毕业后就在广东打工，直到 2015 年才回乡定居。四是家庭收入。2017 年家庭总收入 3 万元，其中：生产经营性收入 25000 元、转移性收入 5000 元。

从致贫原因来看，该户属于职业技能匮乏致贫。主要理由为：一是无明显家庭负担。A 单身一人独立成户，身体比较健康，无因病、因学、因残等农村常见的致贫原因。二是本人有脱贫意愿，但无脱贫技能。A 本人务工多年，从少年时期开始就在工厂的流水线上工作，十余年来断断续续学过家电维修技术，但未能坚持。三是荒废了农村的田地。如上所述，A 家中有一定耕地和林地，如能好好经营，每年预计有平均 1 万元以上的收入。但由于 A 常年在外，未能在城市扎根，面对家中田产又不知如何经营，最终陷入了两难的尴尬境地。2015 年从广东回乡时，A 已花完了所有积蓄且无一技之长，且家中无独立所有权住房，处于有心无力、不知所措的困境，因此被识别为精准扶贫建档立卡贫困户。A 的情况是当前我国农村既没有高学历、又缺乏"一技之长"的 80 后和 90 后青年群体的贫困代表典型。

然而，通过各方努力，该户已于 2017 年顺利脱贫。那么，其实现脱贫的途径主要有哪些呢？驻村第一书记作为帮扶责任人，结合"两不愁、三保障"的脱贫标准，依托国家扶贫政策利好，从硬件上进行了"补短板"，更关键的是针对其职业技能匮乏，因户施策综合实施了一系列技能帮扶举措，主要有：一是增加山茶油经营收入。尽管山茶油市场价格较高，但其保健功能好，随着人们生活水平的整体提高，长期处于供不应求状态。油茶果只需进行季节性采摘，对劳动力的束缚性不强，驻村第一书记积极联系林业部门，组织举办技能培训班，向 A 及相关村民传授油茶低改技术，并进行现场技术指导和后续跟踪问效，整体上提高了油茶种植户的山茶油产量，从而增加了 A 的种植经营收入。二是养殖蜜蜂。蜂蜜属于健康饮品，越来越受消费者欢迎，但是，优质纯正原生态蜂蜜产品在市场上相对少见。第一书记结合城市工作生活经历，预测市场消费前景，积极鼓励 A 因地制宜发展养蜂产业，同时帮助联系经验丰富的蜂农传授养蜂技术。蜂蜜养殖的技术要求相对较高，但收益见效快，且对固定林地资源要求低。通过流动性经营管理，既能提高产量，还能保证品质。贫困户 A 通过掌握该项技术，养殖了一定数量的蜜蜂，增加了农业经营性收入。三是拓展电子商务业务。为开辟贫困户农产品销售渠道，地方政府商务部门组织开展了电子商务技能培训班。贫困户 A 尽管缺乏高等学历，但由于具有初中学历水平，又属于"80 后"年轻群体，通过有针对性的培训逐渐掌握了电子营销技巧，依托互联网、微信等网络渠道销售其自产的山茶油、蜂蜜等农产品，进一步增加了农业市场化经营收入。

通过有计划参与针对性较强的技能培训，以及帮扶责任人第一书记驻村两年时间的跟踪问效，贫困户 A 自我"造血能力"大大提升，不仅自身成功实现了有质量脱贫，也为能力贫困中的职业技能匮乏贫困群体如何有效脱贫提供了较好的经验借鉴。

能力贫困型中的健康贫困案例 1

贫困户 B2015 年经过精准识别被认定为建档立卡贫困户，观察其家庭特征：一是家庭结构。总人口 6 人，户主现年 39 岁，配偶 37 岁，育有 4 个小孩，最大的 17 岁、最小的 10 岁。二是家庭条件。住房总面积 80 平方米，拥有耕地面积 1.16 亩、无经济林地。三是家庭能力禀赋。户主和其配偶均为小学文化，最大小孩初中肄业在家，其余三个小孩有两个就读小学、一个就读初中；户主和小孩身体均为健康状态，其配偶则患长期慢性病，无劳动作业能力。四是家庭收入。2017 年家庭总收入 16528 元，其中：生产经营性收入 2110 元、转移性收入 14418 元。

从致贫原因来看，该户主要属于因病致贫，主要理由为：一是疾病治疗费用占家庭支出比重较大。多年前，户主配偶患病后曾多次前往当地医院治疗，但由于医疗费用高昂，并受当地医疗技术水平的制约，导致其疾病未彻底治愈，久而久之形成长期慢性病。尽管户主配偶已经享受了城乡居民基本医疗保险、大病保险等医疗保障政策，但因保障力度稍欠，现在每年仍需承担不菲的医药费用支出，较之家庭收入水平而言负担沉重。二是因疾病限制了家庭劳务收入。户主配偶因长期患病，缺乏劳动作业能力，不仅无法为家庭作出经济贡献，还需家人提供一定的生活护理，导致户主本人也难以脱身外出务工，进一步限制了家庭收入的提升。户主仅靠有限的耕地资源种植苞谷、地瓜和蔬菜等补充日常生活，难以实现就地脱贫致富。三是教育负担不重。虽然该户有三个小孩为在读生，但均有国家义务教育政策作保障支持，包括农村家庭经济困难寄宿生生活补贴（小学生每年每人 1000 元、初中生每年每人 1250 元）、农村义务教育学生营养改善计划膳食补助资金等（每生每年 800 元），从短期来看尚未给家庭带来较大的经济负担。

从整体来看，户主配偶因小病演变为长期慢性病从而陷入贫困，尽管有多方面影响因素，但政府的财政政策效应存在欠缺也是不可否认的事实。该户如何实现反贫困？本书认为：一是医保政策的不断完善。对于户主配偶所患长期慢性病的日常医药支出，政府既要保证医疗报销比例，也要适当扩大医药报销范围。据了解，尽管政府提高了城乡居民基本医疗保险报销比例，但较多治疗效果明显的药品却在医保范围之外，并未从实质上减轻患者的医疗支出压力。在医保水平不断提升的情况下，户主配偶彻底治愈疾病是最理想状态，由此可以释放家庭劳动力，通过产业发展、外出务工等方式增加家庭收入。二是技能培训的运用。该户最大小孩尚未成年，可通过动员再入学，使其就读中等职业技术学校，掌握一技之长，从而实现市场自主择业或创业。三是教育政策的持续。对于该户就读小学和初中的三个小孩，政府要通过健全且有力的政策确保其均能够接受进一步的教育，不断增强自身能力禀赋，从而阻断贫困代际传递。四是适当增加其政策性保障收入。在户主配偶处于疾病康复期、子女处于教育投资期的关键阶段，政府有必要通过政策"兜底"方式承担一定救助责任，保证该户家庭能够达到国家"两不愁、三保障"的脱贫摘帽标准。

能力贫困中的健康贫困案例 2

贫困户 C 为 2016 年动态调整纳入的建档立卡贫困户，观察其家庭特征：一是家庭结构。总人口 7 人，户主现年 56 岁，配偶 54 岁，户主有两个儿子，最大 32 岁、最小 28 岁，其中：大儿子已成家，育有两个小孩，一个就读小学、一个尚未到入学年龄。二是家庭条件。住房总面积 700 平方米，拥有水田面积 2 亩、耕地面积 3 亩、林地面积 3 亩。三是家庭能力禀赋。户主和其配偶均为小学文化，大儿子和大儿媳初中文化、小儿子轻微智障，难以正常入学在家务农；户主、其大儿子均为健康状态，小儿子体格健康，能够自食其力；户主配偶患长期慢性病、户主大儿媳近年经检查患重大疾病。四是家庭境况。在户主大儿媳经检查患重大疾病前，户主和大儿子在外地务工、小儿子在家务农，户主配偶及大儿媳在家处理家务并照顾小孩。尽管户主配偶患长期慢性病、小儿子有一定智障，但由于户主和其大儿子积极务工赚取劳务性收入，整个家庭经济状况尚可，处于准小康生活状态。

天有不测风云，户主大儿媳 2016 年患重大疾病后，不仅花去了整个家庭多年辛勤劳作积攒的储蓄，该户还四处举债。更为悲惨的是，因其无力长期维持高昂的治疗支出，同时受疾病本身治疗难度的影响，户主大儿媳两年之后还是英年早逝。整个家庭因此承受着高昂的债务压力，立刻陷入贫困，成为因大病致贫的典型。正如前述所析，尽管政府大幅提高了城乡居民基本医疗保险报销比例，但较多治疗效果明显的药品却在医疗保障范围之外，而且，大病保险的实施情况存在较多欠缺，在重大疾病面前，农村患者的抗风险能力极其脆弱。

该贫困户如何在 2020 年顺利脱贫？不仅对其家庭本身，对肩负农村反贫困责任的政府也是极大考验。从跟踪观察情况来看：户主不顾其逐年老迈的情况，坚持外出务工赚钱，但因年龄原因其劳务输出的边际产出价值在不断递减；户主大儿子不得已将两个小孩留守在家，外出务工以偿还因妻子治病欠下的沉重债务；户主配偶和小儿子则由于自身原因"有心无力"，继续保持既定生活状态。从政策反思来看：一是对于农村因大病致贫群体，政府要加大医疗保障力度，不仅要不断提高报销比例，更要合理扩大医药报销范围，切实减轻患者家庭医疗支出负担。二是特殊对象在特殊时期应执行灵活的社会保障政策。尽管该户有一半数量的劳动力，且脱贫意愿较强，但是，由于其家庭债务负担沉重，在缓冲期应给予一定的最低生活保障、教育资助等政策性救助扶持，减轻家庭生活压力，避免其陷入贫困"洼地"。

4.3.2 动力贫困型反贫困

贫困户 D 经过 2015 年精准识别被认定为建档立卡贫困户，观察其家庭特征：一是家庭结构。总人口 7 人，户主现年 43 岁，配偶 37 岁，户主母亲现年 79 岁，育有 4 个小孩，最大的 14 岁、最小的 6 岁。二是家庭条件。住房总面积 100 平方米，拥有耕地面积 1.19 亩、林地面积 3.37 亩。三是家庭能力禀赋。户主和其配偶均为小学文化，最大小孩辍学在家，一个小孩就读小学、一个就读初中，还有一个尚未入学；户主和小孩身体均为健康状态，户主母亲年老体弱。四是家庭收入。2017 年家庭总收入 29154.5 元，其中：生产经营性收入 3070 元、工资性收入 8000 元、低保收入 16667 元、养老保险金 1080 元、生态补偿金 337.5 元，家庭人均收入达 4165 元。

据实地调研，该户是动力贫困的典型，主要理由为：一是户主本人十分懒散。户主是远近闻名的懒汉，正值壮年、身体健康，却整日无所事事，既不外出务工赚取劳务性收入，也不就地发展庭院经济，且有酗酒等不良嗜好。二是对子女教育非常不重视。其最大小孩仅 14 岁，但户主默许其辍学在家，缺乏通过家庭教育投资扭转贫困局面的动力。三是"等、靠、要"思想严重。近年来，政府出台了一系列免费职业技能培训、产业发展等惠民政策，村干反复入户动员其参与，但户主缺乏积极性，从不参与任何职业技能培训，更不愿借助政策利好发展家庭经济，依赖思想极其严重。四是无改善居住条件意愿。该户房屋是多年前通过国家危房改造政策扶助修建，至今尚未装修。左邻右舍通过产业发展、外出务工、综合经营等方式多渠道增加家庭收入，均新建了宽敞且装修气派的楼房，户主却不以为然，缺乏竞争看齐意识。

该贫困户为什么贫困？本书认为，尽管 2017 年其家庭总收入达到 29155 元、人均收入达到了 4165 元，但从其家庭收入来源构成予以理性分析，可以判断，政府的财政政策对该贫困户并未发挥出较好的脱贫效应，相反却起到了逆向调节作用。据实地入户调研可知：其家庭最大收入构成为低保收入，占全年总收入的比重达到了 57%，平均每月有 1388.92 元；生产经营性收入主要是种植一定的苞谷、蔬菜，按当地市场价折算后所得，由户主母亲负责种植管护；工资性收入为户主配偶在县内从事临时性务工所得，但限于教育水平、体力等因素制约，与男性劳动力相比存在市场工资级差；养老保险金则是户主母亲因年龄超过 60 岁而享受的国家养老保障政策福利；生态补偿金为退耕还林政策补贴，每年金额不大。汇总计算可知该户 2017 年家庭政策性收入总计为 18084.5 元，占家庭年总收入比重高达 62%。

本书认为，该户陷入贫困主要是因为户主内生动力缺乏，但客观上政策性收入相对偏高、能够维持其家庭基本生活也是不可忽视的重要影响因素。那么，既然该户户主内生动力匮乏，其家庭为何能够持续获得如此高的低保收入？笔者进一步向村干询问了解缘由，主要考虑因素有：一是基于其母亲年老体弱，符合农村最低生活保障（简称低保）政策范围。同时，一些地方在低保政策执行过程中存在"保户不保人"情形，即家庭一人符合低保政策范围，整个家庭随之全部享受。二是其家庭有两个小孩就学。就读小学的小孩享受农村家庭经济困难寄宿生生活补贴（每人每年1000 元）、农村义务教育学生营养改善计划膳食补助资金（每人每年 800元），在生活上基本上不存在困难。就读初中的小孩享受农村家庭经济困难寄宿生生活补贴（每人每年 1250 元）和农村义务教育学生营养改善计划膳食补助资金（每人每年 800 元），合计 2050 元。以每年 8 个月在校期计算，该小孩每月平均获得的政策补贴达到了 256.25 元。但受城镇物价因素影响，该户每月仍需要支付小孩一定的生活费用。村委会担心户主以没有收入保障为由让其小孩辍学，基于此继续让该户享受低保。三是横向比较该户与其他农户的家庭生活状况贫富悬殊较大。虽然村干对户主"恨铁不成钢"，但从情感上仍有一定的同情心理，且精准扶贫战略实施过程中有政策"兜底"项脱贫方式，所以"顺水推舟"让其享受低保。这说明，要高质量实现中国农村反贫困，政策的科学制定与严格执行均是关键，纵然基于矛盾特殊性考虑，政策的灵活执行度也应存在合理的边界。

那么，该户如何实现脱贫？是否继续维持占其家庭收入比重较高的转移性收入，通过政策"兜底"方式帮其实现脱贫摘帽？本书认为这种脱贫方式有失政策公允，会导致权利与义务在社会群体间的不均衡配置。因为户主及其配偶均为青壮健康劳动力，其小孩均有义务教育政策保障，其母亲也享受了政府的养老保险政策，整个家庭并无需要特殊考虑的情形。结合进一步的田野调查来看，在农村反贫困实践中，动力贫困型对象普遍有着"等、靠、要"依赖思想严重，过度寄希望于政府的转移性收入以维持家庭生计，有酗酒、赌博等不良习性，漠视子女教育投资等明显特征。推而广之，对于这些"有力无心"型贫困群体如何脱贫？本书认为，通过政府的转移性收入"兜底"保障只会加剧该群体的"等、靠、要"依赖心理，甚至会对其子女形成连锁负面效应，整个家庭陷入贫困代际传递的恶性循环。因此，必须采取坚决的举措倒逼其内生动力激发，最直接有效的手段就是降低政策性收入占其家庭总收入的比重，并对违背《义务教育法》，默许乃至强制子女辍学的行为予以严厉批评教育甚至运用强制法律手段。同时，对其职业技能培训、就业信息服务、产业发展等利益诉求则积极响应，助其自我"造血"能力提升，通过自我努力脱贫致富。

4.3.3　地理贫困型反贫困

根据前文统计数据，可知滇黔桂石漠化区是当前中国农村贫困人口的主要集中区域，在划定的 14 个连片特困地区中，长期以来贫困人口数量占据首位，属贫中之贫、困中之困的典型区域。为更直观反映中国农村贫困特点，洞悉背后的原因并观察农村反贫困的财政政策成效，本书通过实地调查方式，选取该区域一个贫困村落作为案例予以分析，以真正突出地理贫困的典型性和代表性。当然，本书对该行政村落的具体名称及相关情况进行了一定程度的技术处理，但相关情况整体上符合实际情形，在此作特别说明。

兴龙村属石漠化大石山区内的一个行政村落，村行政中心距离集镇约7 公里，通水泥道路，交通较为便利，但自然环境却极为恶劣。全村地处石山区，水资源尤为匮乏，为典型的靠天饮水和生产的自然村落。全村无水田，旱地总面积 789 亩，荒山荒坡总面积 2553.45 亩。在精准扶贫战略实施背景下，2015 年，通过扶贫工作队员历时三个月左右时间进屯入户的精准识别，最终掌握到该村的资源禀赋统计数据为：全村共有 480 户 2211人，有 20 个村民小组 24 个自然屯，居住有壮、汉、瑶三个民族，少数民族占全村总人口 80% 以上。同时，全村建档立卡贫困户 400 余户，贫困发生率 80% 以上，贫困面之广、贫困程度之深非常罕见，属深度贫困地区的典型一类贫困村。全村人均耕地面积仅 0.36 亩、人均荒山荒坡面积 1.15 亩；劳动力 1142 人，占全村总人口比重 51.6%；文盲或半文盲以及小学文化水平 1252 人，占全村总人口比重 56.6%。村内有小学一所、教学点一个，其中村小学现有学生 235 名、教师 10 名；村教学点有学生 57 名、教师 4 名。村内建有医务室两个，但受基层医疗卫生人员紧缺影响，长期以来并无医生规律性上班而处于搁置状态。

中台屯距兴龙村村公共服务行政中心约 3 公里，有砂石路通自然屯。全屯 24 户 111 人，均为少数民族，2015 年通过精准识别有建档立卡贫困户 22 户 98 人，贫困发生率 88.29%。全屯有劳动力 64 人，初中学历人数 12 人，其余大部分为小学文化。全屯耕地总面积 25.53 亩，人均耕地仅 0.23 亩，属地理贫困中的典型。贫困群众日常生活来源主要依靠耕种有限的土地资源、外出务工劳务性收入以及政府的低保政策补助等。屯内有两户非贫困户，户主年龄均在 35 岁左右，具有初中学历文化，家庭成员数量在 5 人以下，户主主要在县城或县外务工，配偶则在家中照顾小孩，耕种有限的土地，并饲养少量猪、鸡等家畜家禽。

2015 年，因两个地级市间拟新修的二级公路路线经过该屯，在地方政府统一安排部署下，该屯群众于 2016 年整屯搬迁至县城城郊附近的移民安置点，每户补偿一定面积的宅基地和建房补偿费。据了解，地方政府工作人员前期动员该屯群众搬迁的阻力很大，除补偿条件未达心理预期、"故土难离"心理因素外，群众主要担心易地搬迁至安置点后，因缺乏原有的"一亩三分地"而难以在城镇立足。经过反反复复的思想动员、补偿条件协商，该屯群众最终同意搬迁，从而保证了二级公路修建的顺利推进。那么，该屯群众搬迁至县城城郊集中安置点后，是否实现了"搬得出、稳得住、能致富"呢？经过外部精准帮扶和贫困户发挥自身主观能动性，严格按照贫困户脱贫摘帽标准，2016 年该屯脱贫 3 户 16 人、2017 年脱贫 9 户 43 人。他们在新的环境下能够不断实现脱贫摘帽，主要有以下几个原因。

从外部帮扶角度看：一是当地政府及时为易地搬迁贫困户提供了必要的配套公共服务，包括通电、通水、通路等，尤其是积极协调解决贫困户家庭小孩就近入学等现实问题，解决了其日常生活之忧。二是政府考虑到易地搬迁后贫困户不再具备实施"庭院经济"的条件，在过渡期继续维持了低保政策，一定程度上缓解了贫困户的日常生活压力。三是政府及时组织相关技能培训，并通过各种渠道提供就业信息，帮助贫困户劳动力及时就业，进一步帮助他们增加了相对稳定可靠的收入来源，为家庭日常生活开支提供了保障。

从内部角度看：一是贫困户离开了"一亩三分地"的庭院经济生活环境后，尽管有政府低保政策维持其基本生活水平，但是，低保政策在实施过程中遵循动态管理原则，贫困户基于对低保政策可持续性考虑，在日常生计压力倒逼下，积极通过寻求就近就业或外出务工方式拓展生计来源。二是贫困户易地搬迁后，由于靠近集镇，充分接近自由充分竞争的市场经济环境，受外部环境冲击，相当一部分劳动力能够积极主动务工就业，个别贫困户还通过自主创业方式参与到市场经济环境下的第二、第三产业中去。三是新的生活环境周边居民整体上重视教育，受环境影响，易地搬迁贫困户较之以前也更为重视子女教育。在老中幼三代同堂家庭，中青年劳动力夫妇积极就业或创业，谋求整个家庭生计；适龄入学儿童则接受相应阶段教育；家庭老人在身体力行情况下负责接送孙辈小孩上学和放学，家庭内部形成了良性的分工协同。

从财政投入情况看，易地搬迁前，政府对该屯群众均予以义务教育保障、民政补贴、医疗卫生补贴、危房改造、饮水水柜建设等一系列惠农政策支持保障，但从 2015 年精准识别仅有两户非贫困户的现实情况来看，上述财政政策的反贫困效果并不明显。从易地搬迁后的跟踪情况来看，该屯贫困户则正在稳步实现脱贫，成为地理贫困型脱贫较为成功的典型案例参考。由于易地搬迁安置点距离原所在行政村并不远，不涉及自然屯的行政村归属、村民改城镇居民等问题。同时，由于是整屯集中搬迁、集中安置，整体上不涉及过于明显的社群融合问题，使得本案例具有一定的特殊性，这些问题在其他易地扶贫搬迁群体则需进一步深入研究。

可以说，易地扶贫搬迁是政府为实现农村反贫困目标制定的力度最强、财政资金投入最大、对贫困户影响也最为深远的一项政策举措。这既需要政策设计者的战略前瞻性，也需要政策实施者的执行力和耐心，更需要改变长期以来贫困居民在传统乡土文化影响下积累形成的安土重迁观念。网络热点云南楚雄州"80后白发干部"踏遍所在乡所有搬迁贫困户门槛、反复作群众思想工作的细节，即是基层扶贫工作的生动写照。

基于对本案例的观察并综合考虑其他类型易地搬迁群体，要保证其"搬得出、稳得住、能致富"，在政策设计中需要考虑的普适性因素归纳起来有以下几点。

一是如果贫困户在搬迁过渡期基本生活保障不稳定，将存在一定的生存困难。原因体现在：易地扶贫搬迁贫困群众存在从传统相对自给自足的农耕经济、"庭院经济"模式向自由充分竞争的市场经济调整适应期；存在从邻里互助经济向市场机制下的相对独立经济调整适应期；存在政府对易地搬迁贫困户过渡期的最低生活保障政策是否明确的稳定期。

二是政府公共服务保障的调整优化如果不及时，将影响贫困群众新环境下的生活安定性。原因体现在：教学资源如果未能及时调整优化，将影响易地扶贫搬迁贫困户适龄子女顺利就学；医疗卫生资源如果未能及时调整优化，将影响易地扶贫搬迁贫困户及时有效就医；环境质量维护管理机制如果未能及时跟进，将影响易地扶贫搬迁贫困户住得舒心、称心，国外贫民窟"脏、乱、差"的生活环境以及由此对经济社会带来的连锁负面效应就是深刻的教训。

三是人文环境适应常常容易被忽视，成为潜在风险隐患。原因体现在：政府基于城镇化发展水平考虑，相当一部分易地扶贫搬迁安置点选址靠近集镇，那么，易地扶贫搬迁贫困群众面临着全新的人文环境适应问题，包括存在从乡村生活向集镇生活调整适应期，存在从农村散居文化向城镇聚居文化调整适应期，存在从农村宗族文化向社区集群文化调整适应期。

四是政府的就业创业扶持政策如果不成体系，将影响易地扶贫搬迁贫困群众实现自我发展。原因体现在：易地扶贫搬迁贫困劳动力需要多元快捷就业信息渠道，助其及时就业；需要有针对性的政策扶持体系，助贫困群众一臂之力，使其能够"骑上马"成功创业；需要有效的职业技能培训，助其"造血"功能在真正意义上得到提升。

五是区域经济发展的辐射力。可以说，易地扶贫搬迁是新时期中国农民生存环境的一次大调整，是政府基于民生福祉考虑，针对滞后于经济社会整体发展速度和质量的社会群体主动作为的一项政策举措，与我国历史上战乱时期基于生存考虑的人口流亡、为谋求生计而"闯关东"等性质的人口迁徙运动截然不同。所以，政府的政策目标不仅仅是将贫困群体"搬出来"，而是要把"稳得住、能致富"作为终极目标。如何帮助易地扶贫搬迁群众较好实现这一目标，最迫切的问题无疑是就业和创业问题。如果区域经济发展水平落后，辐射力有限，当地政府难以就地为贫困群众提供足够多的就业岗位和良好的创业环境，更难以为农村反贫困提供充分的财力保障。区域经济是宏观经济整体的一部分，区域经济的快速发展有助于推动宏观经济的整体发展。地方政府处在精准扶贫战略实施前沿一线，如何整合力度空前的扶贫资源，提升区域经济发展的辐射力是关键，也是实现精准扶贫战略目标的抓手。

要解决上述问题，需要强有力的财政政策支撑，包括易地搬迁贫困家庭过渡期的基本生活保障、新的生活环境下配套公共服务设施的完善、劳动力就业创业能力的提升，以及财政"补短板"促进区域营商环境的不断改善。因此，政府要出台立足短期与长期统一、硬件与软件匹配的综合财政政策体系，从而保证易地扶贫搬迁贫困户真正能够"搬得出、稳得住、能致富"。

4.3.4　多困叠加型反贫困

远洞屯为兴龙村下辖自然屯，2003 年通公路，距离村行政中心约 4 公里，共有 40 户 177 人，均为少数民族。全屯劳动力数量为 93 人，占该屯总人口比重 53%。受传统生活习俗影响，该屯群众有长期嗜酒的习惯，而且是自酿劣质土酒，对身体健康摧残较大。同时，早婚早嫁现象较为严重，进而引发了较为普遍的超生行为，大部分贫困家庭小孩数量远超国家《人口计划生育法》提倡的"一对夫妻生育两个子女"标准，一些贫困家庭小孩数量达到 5 个甚至更多。

基于本书对贫困的概念界定，一是从能力贫困角度看。远洞屯初中及以上学历 7 人，占总人口比例仅 4%，其余均为文盲或小学文化，截至2017 年底仅有一个大学生，群众整体文化素质较低。屯内多人患长期慢性病，丧失全部或部分劳动能力，有的甚至丧失生活自理能力。二是从动力贫困角度看。远洞屯村民的低保享受率高达 70% 以上，群众日常生活维系对低保依赖性极大，其背后既有地理环境恶劣导致"一方水土养活不了一方人"的客观原因，也有长期以来低保政策、社会救助等政策资金能够维持其基本生存需要，导致脱贫致富动力匮乏的因素。三是从地理贫困角度看。远洞屯为典型的石漠化大石山区，人均耕地仅 0.37 亩，主要种植苞谷，经济效益较低，人畜则主要靠天吃水，并通过水柜、水窖储存，水质较差，近一半居民户存在严重的饮水难问题，饮水质量安全更是难以保障。

截至 2017 年末，远洞屯仅 1 户符合脱贫条件，其余 39 户依然定性为贫困户，贫困发生率仍高达 97%。聚焦远洞屯脱贫户，其家庭特征为：家庭总人口 6 人，包括夫妻 2 人、小孩 4 人，户主和其配偶均为小学文化，户主以县内务工为主，赚取劳务性收入，其配偶在家务农，就地发展庭院经济。长子大学毕业，已在城市顺利实现就业，每月工资性收入近 4000元。次子参军，三子就读职校，幼子就读小学。此外，该脱贫户积极响应易地扶贫搬迁政策，已在城镇郊区获得集中安置房一套。

观察本案例，可以发现远洞屯的贫困特征与本书对贫困内涵的界定非常吻合。一是由于远洞屯群众教育文化素质整体较低，接受时代新事物、学习新技能的能力较弱，并且外出务工人员基本在省内乃至县域范围内，使得他们很难通过现代农业生产技术或经营模式创造财富。同时，受酗酒等不良生活习惯影响，部分群众患长期慢性病从而丧失了劳动能力，呈现出典型的"有心无力"状态。二是由于多年来习惯于依靠低保、社会救助、农业补贴等政策性收入生活，远洞屯部分群众形成了严重的"等、靠、要"思想，通过自身劳动致富的内生性动力极为不足，呈现出典型的"有力无心"状态。三是由于地理环境恶劣，土地、水资源匮乏，且交通出行不便、信息闭塞，远洞屯群众很难依托当地资源环境实现就地增收、致富脱贫，呈现出典型的"力所不逮"状态。远洞屯地理环境偏僻，有线网络电视、手机信号等现代通信设备难以覆盖，群众与外界接触较少，使得思想观念陈旧落后，精神文化生活匮乏。同时，也由于地理环境偏僻的影响，政府部门难以对该屯早婚早嫁、超生、辍学等行为予以及时的监督和惩处，使得上述不良现象得以加剧，逐渐形成了"饮酒为乐、逗鸟为趣""越穷越生、越生越穷"的恶性循环局面。

尤其需要注意的是，落后的生育观念导致远洞屯超生现象严重，这不仅增加了贫困户家庭的自身经济负担，也加剧了资源环境承载压力，从而使得他们不得不对政府产生极大的依赖。不可否认，生存权是每个公民的基本权利，必须得到充分尊重和保护，但超生户因超生行为获得较多的政策性收入也影响了社会公平。以其他公民的劳动成果形成的税收来保障其过度的权利享受，这是对其他公民权利的侵占。前文已经阐述，社会和谐是国家治理的核心要素构成，毫无疑问，部分个体的超生行为带来的公民间权利与义务不均衡配置格局，将会影响社会和谐，甚至危及国家治理。

那么，远洞屯脱贫户为什么能够实现脱贫？从能力上看，尽管户主及其配偶文化水平不高，自身只有小学文化，但是，夫妻两人高度重视子女教育投资，竭力为子女创造教育机会。通过教育投资既提升了家庭整体人力资本水平，也不断降低了家庭经济负担。从动力上看，脱贫户户主及其配偶均无酗酒、逗鸟等不良嗜好，勤劳积极、乐观向上，改变贫穷现状的欲望强烈，脱贫致富的内生性动力较足。从地理上看，针对"力所不逮"的地理环境困境，脱贫户户主及其配偶穷则思变，在农闲之余积极通过外出务工方式增加家庭收入，最大限度地扭转自然环境恶劣造成的地理困境。

多年来，为实现远洞屯脱贫摘帽，历届政府依托相关财政政策投入了数目可观的财政资金。通过实地调研了解，具体情况为：一是住房及生产生活设施投入。为解决住房问题，政府户均投入 8 万元予以危房改造。为解决人畜饮水困难，政府户均投入 1.5 万元修建水柜用于储水。二是交通出行投入。为彻底解决群众交通出行问题，政府投入数百万元，新建并硬化沿线通屯道路。三是政策补助投入。义务教育、新农村合作医疗、产业奖补、劳务输出等惠农利民政策，群众只要有参与意愿，均有充分的权利享受。四是最低生活保障政策资金投入。受各种因素影响，该屯群众低保政策覆盖率较高，政府的低保资金投入力度较大。

那么，结合远洞屯迄今仅有 1 户贫困家庭能够实现脱贫摘帽的现实，显而易见，在前几轮扶贫攻坚战中，局部地区政府的财政资金投入绩效产出不高。结合进一步扩大实地调研的范围来看，远洞屯只是深度贫困村的一个缩影而已，其他地区的贫困村也同样存在财政资金投入大、贫困程度依然较深的现象。这充分说明农村反贫困不仅仅是财政资金投入规模"量"的问题，更要深入了解贫困的深层次原因，把握好"质"的所在，从而对农村反贫困财政政策进行科学设计、规范管理和严格执行，全流程的每一个环节都是高质量实现政策目标的关键。

4.3.5　农村反贫困财政政策启示

管中窥豹，略见一斑。通过上述能力贫困型、动力贫困型、地理贫困型和多困叠加型农村反贫困案例,我们可以直观的观察了解到中国农村贫困的现实状况、财政政策的农村反贫困效应,相关政策启示则主要有:

一是本书从能力贫困、动力贫困、地理贫困三个维度来界定贫困内涵,能够较好地涵括当前中国农村贫困类型及其表现特征。其中:能力贫困、动力贫困是导致农村贫困的主观原因,地理贫困则是外部客观因素。在此基础上,按照能力贫困、动力贫困和地理贫困的研究假设进行全文的理论与实证分析,符合实际情形,论证逻辑具有说服力。

二是连片特困地区多数集地理贫困、能力贫困和动力贫困于一体,贫困原因多重叠加,是当前我国脱贫攻坚的重点、难点区域。在精准扶贫战略实施中,既要有微观精准意识,也要有宏观整体观念,应坚持精准扶贫到户与区域整体开发相结合,综合施策,避免人力、物力和财力投入碎片化,以期形成精准合力进而发挥农村反贫困的规模效应。

三是农村反贫困财政政策要注重绩效产出,避免财政资金的盲目投入。针对"一方水土养活不了一方人"的地理贫困困境,政策设计要有前瞻性、政策执行要有灵活性,避免盲目的财政资金投入而形成低脱贫产出结局。及时调整财政政策支持方向,通过易地扶贫搬迁帮助贫困户彻底"挪穷窝",辅以完善的教育、医疗、文化等配套公共服务和有效的技能培训,不断提升农村贫困居民的就业、创业技能,可能是最佳的政策选择。

四是思想观念落后是造成农村深度贫困的重要症结,要更加注重"软件"方面的财政资金投入。农村深度贫困不仅有客观上的地理环境恶劣、资源禀赋匮乏等客观因素制约,贫困群众主观上教育、婚姻、生育、健康、法制等观念上的落后也不容忽视,因此,农村反贫困财政资金投入不仅要注重基础设施改善上的"硬件"投入,改造贫困群众落后思想上的"软件"投入也应纳入考虑,而这也需要科学的财政政策予以支撑。

五是切实提高医疗保障力度,是破解因病致贫的关键。因病致贫是导致农村贫困的重要因素,尽管政府不断加大财政投入力度,但是,现行农村医疗保障体系对农村居民的抗疾病尤其是抗大病风险能力依然脆弱。其背后不仅存在财政投入规模的问题,财政投入结构也存在帕累托改善空间,需要进一步完善政策、降低制度运行成本,切实提升防范化解因病致贫的风险。

六是提高农村贫困群众的教育文化素质是最终实现农村反贫困目标的根本举措。继续加大对广大农村地区，尤其是深度贫困地区的财政性教育经费投入，帮助农村贫困家庭适龄儿童克服生活经费不足、交通不便等实际困难，接受义务教育乃至中高等教育。通过有效的技能培训，不断提高农村贫困居民的文化和技能水平，使其能够顺利转移就业或参与市场经营创业。通过积极的自我发展进行增收，是贫困群体"摘穷帽、断穷根"、脱贫致富奔小康的关键。

第5章　中国农村贫困成因与
反贫困路径分析

前文测度了各地区农村反贫困财政政策效率、检验了不同类型财政投入对农村反贫困产出的影响效应，并通过典型案例直观反映了中国农村反贫困的财政政策效果。那么，有必要深入了解问题背后的深层次原因，进而科学设计农村反贫困作用机制和财政政策反贫困的作用路径。

5.1　农村贫困的主要成因

理论界关于农村贫困成因的讨论很多，不同学者分析的角度也不尽相同。总体来看，国外学者既有从自然资源、资本要素、制度层面进行解析，也有从人口学、社会学、人力资本理论进行剖析[1]。与国外相似，国内大多数学者也是围绕自然环境、人力资本和制度等视角来观察分析。如前所述，本书从内涵上将贫困界定为"有心无力"的能力型贫困、"有力无心"的动力型贫困和"力所不逮"的地理型贫困，这也是对中国农村贫困成因的假设判断。但是，从对农村贫困有效治理的角度来看，有必要再进一步探究能力贫困、动力贫困和地理贫困产生的深层次原因。

5.1.1　能力贫困的成因

人力资本理论的创造者舒尔茨认为，贫困产生的根本原因不在于物质

---

① 曾福生，曾志红，范永忠. 克贫攻坚——中国农村扶贫资金效率研究［M］. 北京：中央编译出版社，2015：17.

的匮乏，而在于人力资本的不足和自身对人力投资的轻视，人的能力没有与物质资本保持齐头并进，而变成经济增长的限制因素①。造成农村贫困居民能力贫困的原因则主要有以下几个方面：

1. 贫困地区农村居民对教育重视程度不够

教育是人力资本形成的重要来源，然而，我国贫困地区农村居民受教育水平要普遍低于非贫困地区，与城镇居民相比差距则更大。从劳动力受教育程度看，据调查统计，2017年贫困地区常住劳动力中，不识字或识字不多所占比重为7.8%，小学文化程度占34.3%，初中文化程度占46%，高中文化程度占8.7%，大专及以上文化程度占3.2%②。而全国农村地区常住劳动力中，未上过学的占比5.1%，小学文化程度占29.8%，初中文化程度占51%，高中文化程度占10.5%，大专及以上文化程度占3.5%③。与全国农村平均水平相比，贫困地区常住劳动力小学及以下文化程度占比高7.2个百分点，初中文化程度占比低5个百分点，高中及以上文化程度占比低2.1个百分点。

笔者通过进一步实地调研发现，贫困村农村居民学历水平普遍较低，尤其是少数民族地区，一些贫困村初中及以下学历人口甚至超过九成之多，且大部分为文盲或小学文化，外界与其沟通交流十分困难，也使得宣传党和政府各项惠农扶贫政策的人力、物力和时间成本非常大。非贫困村农村居民受教育水平则整体高于贫困村，对政策的认知理解、贯彻执行相对容易和快速，也使得其能够更好地把握政策机遇早日实现脱贫致富。居民经济收入水平与其受教育程度具有较为显著的相关性，据调查统计，按照户主受教育程度分组看，2017年，户主受教育程度为文盲的群体中贫困发生率为6.7%，户主受教育程度为小学的群体中贫困发生率为4.7%，户主受教育程度为初中的群体中贫困发生率为2.5%，户主受教育程度为

---

① ［美］西奥多·W. 舒尔茨，吴珠华译. 论人力资本投资［M］. 北京：北京经济学院出版社，1990：54–67.
② 国家统计局住户调查办公室. 2018中国农村贫困监测报告［M］. 北京：中国统计出版社，2018：31.
③ 国家统计局住户调查办公室. 2018中国农村贫困监测报告［M］. 北京：中国统计出版社，2018：21.

高中及以上的群体中贫困发生率为 1.4%①。受教育程度越低的群体，财富创造能力受到制约，从而贫困发生率也越高，教育程度低是贫困的重要成因。

对于一些地方农村贫困居民受教育程度偏低现象，学界大部分观点是从财政投入力度、教育管理水平等客观方面来找原因，且更多的是质疑政府作为力度不够。笔者则认为这些观点有失偏颇，从整体来看，我国深度贫困地区、民族地区农村居民受封建传统落后思想、环境偏僻、信息闭塞等因素影响，自身对教育重要性的认识依然严重滞后，更为缺乏人力资本积极投资意识，主观方面因素导致适龄中小学学生辍学率偏高也是不容忽视的事实。

2. 贫困地区教育师资力量相对薄弱

贫困地区农村居民受教育程度偏低，一定程度上折射出的是其接受高质量教育机会的不平等。由于地理位置偏远、工作生活环境条件落后、工资待遇保障和职级晋升倾斜力度不够，导致农村贫困地区教育师资力量整体上较为薄弱，高水平师资资源极为匮乏。

不可否认，通过政府和社会多年来的努力，中国农村贫困地区师资结构、师资质量得到一定改善，但是，这种差距在农村与城镇之间依旧十分明显。根据 2018 年中国农村贫困监测调查显示：在义务教育阶段，贫困地区农村儿童认为学校师资条件达到非常好的仅占 33.2%，比较好的占 47.2%，一般的占 19.2%；对于中等职业学校师资评价"非常好"的仅占 29.7%，"比较好"的占 50%，"一般"的比重为 19.9%②。通过笔者的进一步实地调查发现，农村贫困地区学校普遍缺乏英语、音乐、美术、体育、科学等学科教师，而这些学科对优化学生知识结构、提高综合素质、提升知识兴趣意义重大。同时，伴随着快速城镇化进程，农村贫困地区很难吸引到城镇青年教师、优秀大学毕业生加入。教育师资力量相对薄弱带来的低教育质量，不仅导致农村贫困家庭学生与城镇居民家庭子女在教育起点上处于不公平位置，衍生的厌学、逃学、辍学等行为还有可能会

---

① 国家统计局住户调查办公室.2018 中国农村贫困监测报告 [M].北京：中国统计出版社，2018：12.

② 国家统计局住户调查办公室.2018 中国农村贫困监测报告 [M].北京：中国统计出版社，2018：30 - 31.

造成其下一代人发展机会的不均等，进而出现贫困代际传递现象。

以西部地区某贫困县为例，2016 年，该县高中创造了"零一本"历史，2017 年 1133 名考生中，达到一本线的只有两名，不到 0.2%，而十多年前，该县一度有 18 名考生达到一本线。如今，富裕家庭的孩子会被父母送到县外教育质量相对较好的区县就读，5 年前该校招聘的十几位年轻老师，如今则"全部跑光"，在教师与学生之间形成了尴尬的恶性循环局面。

3. 农民职业技能培训效果差强人意

贫困地区不仅农村居民家庭子女接受教育的质量相对较低，这种落后情况在对农村劳动力的职业技能培训上依然改善不足。受城镇化进程影响，相当部分农村青壮年劳动力不断向第二、第三产业和城市转移，农村留守人员除了老弱病残群体外，剩余劳动力的技能水平一定程度上决定了农村经济社会发展水平。为此，习近平总书记在参加 2017 年"两会"四川代表团审议时指出，要就地培养出更多爱农业、懂技术、善经营的新型职业农民。

从农村劳动力技能培训数量上来看，据调查统计，2017 年，贫困地区农村常住劳动力中 26.3% 的接受过技能培训，其中，20.8% 的劳动力接受过农业技术培训，12.8% 的劳动力接受过非农技能培训①，可见，政府对该项工作越来越重视。然而，结合实际调研来看，一些地方却存在不少突出问题，主要表现为：职业技能培训组织宣传乏力，农民有效参与度不高；职业技能培训内容"一厢情愿"，供给与需求错位；职业技能培训形式化现象严重，甚至是为了财政预算支出进度或应付上级部门检查的需要；职业技能培训内容落后，与当前经济社会发展形势相脱节；职业技能培训方式偏理论化授课，缺少典型示范、田间地头指导、实地考察等实践环节；职业技能培训缺乏后续跟踪问效，未能形成有效产出等等，这些问题极大影响了农民职业技能培训的财政支出绩效，实际培训效果更是不言而喻。

据此，要培养出一批新型职业农民群体，助推我国农业生产转型升

---

① 国家统计局住户调查办公室. 2018 中国农村贫困监测报告 [M]. 北京：中国统计出版社，2018：32.

级，实现乡村振兴战略目标既刻不容缓，又任重道远。当然，农民职业技能培训问题的背后，又有着更为深层次的原因制约，涉及基层干部（包括村干部）的工资待遇、基层公车改革、自上而下绩效考核压力层层传导加码的行政管理体制、财政预算管理制度设计、区域职业技术教育整体发展水平等因素的影响。

4. 健康水平偏低制约了反贫困能力形成

健康与劳动力市场的成功紧密相连，是与教育一样重要的人力资本。不仅传统农业生产活动以体力劳动为主，即使现代农业生产也需要劳动者拥有强健的体魄，更何况我国贫困地区主要集中在难以推行机械化生产的中西部偏远山区，因此，农村居民的身体健康水平成为其收入的决定因素。

根据笔者随机调查发现，那些自评健康状况"好"和"很好"的农民收入显著高于健康状况差的农民。而王引[①]（2013）用过去四周中生过病或受过伤、患有慢性病或急性病作为疾病的度量进行估计后发现，疾病可能导致农民收入减少 0.98%，而且疾病对女性的影响大于男性。贫困地区农村居民由于营养摄入数量不够、营养结构不合理，再加上劳动强度大、地方病高发而医疗水平又相对偏低等因素的共同作用，导致其健康状况要普遍劣于非贫困地区和城市水平。尤其是艾滋病、地中海贫血等顽固型疾病，在深度贫困地区不同程度存在，其对当地居民所带来的负面影响，需要引起足够重视。据调查统计，2017 年贫困地区农村居民中，身体状况健康的人数占 89.9%，基本健康和不健康的人数占比达到了 10.1%，其中就有 4.2% 的居民身体存在不同部位的残疾。生病后能及时就医的比重为 96.8%，比上年提高 0.8 个百分点。而在不能及时就医的主要原因中，经济困难和医院距离太远所占比重分别为 14.6% 和 80.3%[②]。因此，通过提高医疗保障标准、促进便利且有质量就医等举措确保贫困地区农村居民的健康水平，对增强其劳动作业能力、提高劳动生产率，从而实现脱贫致富意义重大。

---

① 王引. 健康对农民收入影响的实证研究 [M]. 成都：西南财经大学出版社，2013：103.
② 国家统计局住户调查办公室 . 2018 中国农村贫困监测报告 [M]. 北京：中国统计出版社，2018：31.

贫困地区基层医疗卫生技术力量较为薄弱则是影响农村居民健康水平的重要关联因素，在广大农村地区，农村居民一旦患病，基于对村卫生室、乡镇医院卫生技术力量的顾虑，经济条件相对较好的会选择长途辗转到医疗技术力量较强的县城医院乃至地市或省城大医院就诊，大医院"人满为患"与一些乡镇医院"门可罗雀"的鲜明对照现象就是说明。由于易地就诊，将耗去患者家庭较高的人际协调、交通、住宿、就诊等成本，一些农村患者家庭要么消耗家庭多年积蓄后多方举债维持医疗支出，要么难以承受较高的治疗成本不得不中止治疗，最终不仅未能实现治疗目标，整个家庭也常常因此陷入贫困之中。尽管一些贫困地区地方政府在上级部门统一部署要求下，努力统筹整合多渠道财政资金建立了村卫生室，甚至达到了"一村一卫"水平，但是，这种过度强调形式上的存在、一味重视医疗硬件设施数量，却忽视其布局的均衡合理性，更缺乏引进或培养乡村专业卫生技术力量有效手段和力度的政策设计，使得农村医疗资源硬件与软件配置极不协调、匹配。不仅浪费了政府的大量财政资金，对贫困地区农村居民的健康水平改善并没有带来有效提升，值得政府有关部门以及学界的反思。

5.1.2 动力贫困的成因

内因对事物的发展起决定作用，而农村贫困居民的内生动力和脱贫意愿就是反贫困的内因。传统的"输血式"扶贫并不是治本之策，要使农村贫困户脱贫致富，必须先"扶志"，帮助他们摒弃"等、靠、要"消极心态，树立脱贫奔小康之志，激发其内生动力①。也许正是因为看到了困难群众中动力贫困的现实存在，李克强总理在 2017 年 2 月 22 日主持的国务院常务会议上反复强调："要实现真正脱贫，而不是暂时的，或者'被脱贫'，一定要调动起贫困群众奋力脱贫的内生动力。"而教育不仅可以有效地消化原有贫困"存量"，还可以很好地阻断代际贫困"增量"。贫困户脱贫致富的内生性动力不足，很大程度上与前面分析提到的受教育水平偏低有关。除此之外，还有如下原因：

---

① 王林玉. 激发贫困群众的脱贫内生动力 [J]. 理论与当代，2017 (4)：43.

1. 落后乡土文化造成的生存迷失

提起对贫困地区的印象，很多人可能浮现的就是穷山恶水、土地贫瘠、满目荒凉。的确，不少农村贫困地区的自然环境状况令人震惊，但是，也存在不少贫困地区自然资源富饶的现实。为什么会出现令人匪夷所思的"富饶的贫困"现象？并不是因为当地居民没有健康的体魄，而是受到了当地传统落后乡土文化观念的制约。贫困不仅仅是自然资源禀赋的匮乏、货币化收入的不足，还与贫困地区人们观念落后，缺乏进取心和扩大再生产意识，难以接受新的生产生活方式，固守传统与习惯密不可分①。

笔者在对西部某地区贫困村的实地调研中，常常遇到"农民愿意借钱娶媳妇，却不愿意借钱发展生产""捧着金碗要饭"、农忙时节家家户户热衷斗鸟和赌"六合彩"等怪象，贫困户存在着极为严重的"你要我脱贫"而非"我要脱贫"思想误区，对政府的扶贫政策观望者有之、过分依赖者亦有之，积极主动融入政府主导的脱贫攻坚中来的意识非常缺乏。尤其是不少农村贫困地区在漫长的历史长河中，累积形成了大量与劳动生产、生活积累无关乃至相互冲突，不利于市场商品经济、现代文化文明发展的传统落后习俗。在这些传统落后文化影响下，也使得政府全力推动的脱贫攻坚工作呈现出"一头热"的尴尬现象。

在商业文明高速发展的今天，传统落后的乡土文化观念让农村贫困居民安贫乐道、听天由命、不愿冒险，缺乏创业就业冲动，不愿意突破现有的低层次心理舒适区。他们之所以受穷受苦，其实是受的"贫困文化"之苦。本书认为，在扶贫过程中亟须对这些落后乡土文化观念进行改进和提升，取其精华、剔其糟粕，绝不能以保护民族物质文化遗产为由传承弘扬，要将历史文化经典与传统粗俗落后严格区分。

2. 农村贫困居民社会接触面相对狭窄

社会接触对个人认知、价值观和世界观的形成会产生重要影响。读万卷书，不如行万里路。一个人见世面越广，社会交往对象越多元、社

① 张有春. 贫困、发展与文化：一个农村扶贫规划项目的人类学考察［M］. 北京：民族出版社，2014：11.

会参与程度越高，其获取的社会资源可能就越多。而财富的创造过程在一定程度上而言，就是个人整合利用各种社会资源，去追逐和实现个人利益的过程。

受教育程度、交通条件等因素综合影响，贫困地区农村居民的日常社会交往对象主要局限于邻里、亲戚之间，外出活动半径主要在村庄、乡镇或县域行政区划范围内。社会交往面十分狭窄、接触对象比较单一、社会参与程度不高，使得所能累积的人脉资源相对匮乏，也导致农村居民获得的社会支持程度较低。同时，由于农村信息网络设施建设及维护相对滞后，在西部一些贫困山区，甚至手机信号都未能覆盖，再加上农村贫困居民家庭几乎未购买计算机，互联网技能极为缺乏，无法借助信息网络全方位、快捷化去了解丰富多彩、日新月异的现代社会。外部世界的快速发展也因这些因素局限，未能对农村贫困居民产生强有力的内生动力冲击。

按照马斯洛需求层次理论，人的追求有呈阶梯状向上的满足基本生存的物质需求、安全需求、社交需求、尊重需求和自我价值实现需求五大需求层次。因眼界不够开阔、人脉资源相对匮乏、社会支持程度低、外部信息咨询互动受限，一定程度上使得农村贫困居民与世无争，安于甚至乐于满足于维持基本生存需求状态，丧失了积极向上流动的精神斗志和内生原动力。

3. 部分惠农政策一定程度上助长了惰性

2003 年 3 月 27 日，国务院印发《关于全面推进农村税费改革试点工作的意见》，要求"各地区应结合实际，逐步缩小农业特产税征收范围，降低税率，为最终取消这一税种创造条件"。2006 年 3 月 14 日，第十届全国人大四次会议表决通过了时任国务院总理温家宝作的政府工作报告，报告庄严宣布在全国彻底取消农业税，标志着在我国已实行了长达 2600 年的这个古老税种从此彻底退出历史舞台。与此同时，逐步免除了农村义务教育阶段学生学杂费，制定出台了包括农作物良种补贴、种粮农民农资综合直补、政策性农业保险、退耕还林粮食补助、农民购买农业机械设备补贴、农村危房改造工程等一系列提升农民从事农业生产积极性的政策措施。2003 年，民政部也着手开始部署农村低保工作；2007 年，国务院决定在全国建立农村最低生活保障制度，中央财政每年支出城乡最低生活保障资金超千亿元。这些围绕"三农"制定出台的公共政策，加上政府临时救济、救灾补助等构成了我国直接到户的惠农政策主要内容。

部分惠农政策（如农村最低生活保障制度等）属于无偿性转移支付，只要符合相关条件，农村居民不需要付出任何劳动努力就可以获得一部分现金收入，基本上能够满足日常生计维持消费需要。惠农政策缓解了农村居民家庭困难，提升了其抗风险能力，但是，也在一定程度上弱化了部分农村贫困户勤劳致富的价值观念，甚至助长了他们不劳而获的惰性。兰剑、慈勤英[①]（2018）认为因制度定位和执行偏差等原因，社会救助制度在运行中产生了诸多风险，主要体现在救助依赖现象严重，以及受助者始终面临着无法摆脱的贫困风险。我国不少扶贫重点县在农村低保政策实施中，存在着比较严重的资源溢出和目标遗漏问题[②]。同时，贫困县自身不愿"脱贫摘帽"、甚至抢戴"贫困帽"现象也增强了辖区农村居民争当贫困户享受低保等社会救助政策的动机。王林玉[③]（2017）在黔西南州望谟县郊纳镇高寨村驻村帮扶时曾做过这样的描述："每次群众会交流时，群众大多都会说：'某某家慰问物资多得了一袋大米，而我家为什么少得了一袋？''我比某某某家还穷，怎么他家低保金比我家高？''我年龄大了，外出打工找不到活做，在家又没地种，低保金不够花，政府想办法多补助点'。"

在政府出台的帮扶政策面前，一些农村居民热衷的不是如何快速致富，而是通过相互遮掩财富、攀比贫穷来获得更多的财政补贴。这种心理扭曲现象在一定程度上折射出，出发点较好的惠农政策反而助长了贫困户对外部环境的依赖性，削弱了其脱贫致富的内在动力。

5.1.3　地理贫困的成因

能力贫困和动力贫困是农村贫困居民难以脱贫致富的内因，属主观方面因素，地理贫困则是外因，属客观上的外部制约因素，同样不可忽视。

---

①　兰剑，慈勤英 . 新时代社会救助政策运行的社会风险及其应对 ［J］. 青海社会科学，2018（2）：127.

②　李周，魏后凯 . 中国农村发展研究报告 NO. 9 ［M］. 北京：社会科学文献出版社，2016：284.

③　王林玉 . 激发贫困群众的脱贫内生动力 ［J］. 理论与当代，2017（4）：43.

地理贫困的成因一样来自于主客观两方面。

1. 自然环境条件客观上十分恶劣

自然环境条件是制约农民经济条件好坏的重要客观因素。我国地域辽阔，经纬度跨度大，各地地形地貌、气候、资源禀赋等自然环境条件也存在较大差异。从整体上看，东部和中部大部分地区，自然环境条件相对较好，再加上地理区位优越、交通便利，也有利于人类对自然环境的改善，因此，贫困村数量不断减少，有的省份甚至已经消除了贫困村。根据前文描述性统计显示，当前我国贫困农村主要分布在交通出行不便、生产和生活条件较差、地理位置偏远的西部地区，并呈现出"集中、连片"特点，其中相当部分农村贫困人口则身处自然环境极其恶劣的"一方水土养活不了一方人"的贫瘠山区。

自然环境条件恶劣表现特征为：山多地少，自然资源环境承载压力大；区域性、季节性缺水问题普遍存在，群众日常生产生活受到极大制约；生态脆弱、自然灾害频繁，致使"雪上加霜"现象不时出现；处于地理上的边缘地带，群众交通出行极其不便，远离政治和经济核心区，导致信息闭塞、见识狭窄。在这种条件下，农村居民长期处于"力所不逮"状态，不仅很难从有限、脆弱的自然环境中创造较多的物质财富维持基本生活，更难以实现脱贫致富，而且，很容易因为"力所不逮"产生"听天由命""无力回天"等悲观情绪。

自然环境条件客观限制以及由此对人的主观精神状态带来的负面效应，使得不少贫困村庄呈现出"多困叠加"的状况，伴随的也是贫困人口数量大、贫困范围广、贫困程度深的落后贫穷局面。

2. 基础设施建设相对滞后

基础设施是农业生产、农民增收、农村发展的重要基础。经过近30年的扶贫攻坚开发，我国广大农村基础设施建设有了较大改观。但是，受政府自身财力水平、财政资金安排重点、正常财政资金分配秩序受到外界干扰等因素影响，贫困村基础设施普遍要比一般农村要差，与城镇基础设施建设水平相比更是相差甚远，使得贫困村居民脱贫致富的成本非常大，已经成为制约其脱贫与发展的突出瓶颈。主要表现在村民仅仅依靠自身力量很难改善的交通出行和农村水利设施两个方面：

一方面，从整体来看，贫困村公路等级普遍较低，相当部分长期未得到硬化，即使通村公路得以硬化，但由于缺乏健全的农村公共服务运行维护机制，常常年久失修，使得道路晴通雨阻，通达能力较差。交通出行不便直接导致农村信息闭塞、商品流通条件差，贫困户的市场经营参与机会不足。同时，农业生产资料运进和农产品运出成本"两头高"，导致农产品无任何市场价格优势，销售不畅使得农民入不敷出，制约了农民通过农业生产实现增收致富的效果。

另一方面，水是万物之源，而大部分贫困村农业水利设施十分脆弱，严重影响了农业生产、农民生活。笔者实地调查发现，不少贫困地区农村小水利设施零星分散而且质量不高，更缺乏有效的日常运行维护机制。相当部分则是依靠山泉、河流加小土渠自流灌溉，导致无法按照农作物生长周期及时保证用水供应，使得农业生产的抗灾能力极弱，从而成为制约农民增收、农村发展的重要影响因素。更甚的是，在西部滇黔桂地区一些石漠化山区，人畜饮水至今仍存在一定困难，一些慢性疾病也因缺水、水质较差而衍生。

5.2 农村贫困居民收入增长机制分析

"两不愁，三保障"是当前精准扶贫战略实施中，中央制定的贫困户脱贫摘帽的衡量标准，即贫困户年人均纯收入稳定超过国家扶贫标准且吃穿不愁，义务教育、基本医疗、住房安全有保障，由此可见，收入是脱贫的前提基础和依托。实际上，一旦贫困户家庭收入不足，其基本生存需求将得不到有效满足，就业、教育、健康等机会也会不断被抑制，难以有效提升整个家庭的人力资本，从而实现更长远的科学健康发展。因此，笔者认为无论是脱贫致富，还是乡村振兴，关键是要帮助农村贫困居民建立健全收入增长机制，也可以说其是农村反贫困机制的核心。

5.2.1 贫困地区农村居民收入特征

伴随着脱贫攻坚工作的深入推进，无论是纵向上下层级，还是横向对口帮扶层面，各级政府对贫困地区的财政投入力度不断加大，政策效果也日益显现，尤其是深度贫困地区的农村硬件基础设施在短期内得到了明显改善，为当地居民增收脱贫致富创造了极大便利。但是，要切实增加农村贫困居民收入并非是一日之功、一蹴而就的过程。下面我们将观察了解并分析我国贫困地区农村居民的收入特征。

同城镇居民一样，贫困地区农村居民收入水平尽管整体较低，但是，也有多方面来源渠道。国家统计局住户调查办公室多年来专门针对全国 14 个连片特困地区和 592 个国定贫困县开展了贫困监测调查，以 2017 年数据为例，贫困地区农村居民收入水平及其对比情况如表 5 - 1 所示。

表 5 - 1　　　　　　2017 年贫困地区与全国农村居民收入水平对比

收入构成	贫困地区水平（元）	全国农村水平（元）	贫困地区占全国农村水平（%）	贫困地区收入构成（%）	全国农村收入构成（%）
工资性收入	3210	5498	58	34	40.9
经营净收入	3723	5028	74	40	37.4
财产净收入	119	303	39	1	2.3
转移净收入	2325	2603	89	25	19.4
合计（人均可支配收入）	9377	13432	70	100	100

资料来源：2018 中国农村贫困监测报告。

可以看出：2017 年，我国贫困地区农村居民人均可支配收入为 9377 元，其中：工资性收入为 3210 元、经营性收入为 3723 元、财产净收入为 119 元、转移净收入为 2325 元，占人均可支配收入的比重分别为 34%、40%、1% 和 25%。不过，贫困地区农村居民人均可支配收入只达到了全国农村居民人均水平的 70%，差距十分明显。这说明农村贫困地区农民收入水平仍然偏低，实现收入增长的任务依然艰巨。

从结构上看，农业经营性收入是农民贫困居民收入的主要来源，外出务工工资性收入其次，两者占到了可支配收入的 74%。与全国农村平均水平相比，工资性收入绝对额低 2288 元、占比低 6.9 个百分点，经营性收入绝对额低 1305 元、占比却高 2.6 个百分点。缩小贫困地区农村居民与全国农村居民收入差距的关键在于工资性收入和经营性收入的可持续增长，而赋予广大农村居民更多的财产权利，使其获得一定的财产性收入也是努力的方向。

再看增长速度，2017 年全国农村居民收入增速及其对比情况如表 5 - 2 所示。

表 5 - 2　　　　　　　2017 年贫困地区与全国农村居民收入增速对比　　　　单位：%

地区	工资性收入	经营性收入	财产性收入	转移性收入	人均可支配收入
贫困地区农村	11	8	11	15	11
全国农村	9	6	11	12	9

资料来源：2018 中国农村贫困监测报告。

2017 年，贫困地区农村居民人均可支配收入增速为 11%，整体上高于全国农村水平 2 个百分点，说明精准扶贫的政策效果开始显现。同时，也可以看出，转移性收入增速最高。与全国农村比较，其中：工资性收入增速高 2 个百分点、经营性收入增速高 2 个百分点、财产性收入增速持平、转移性收入增速高 3 个百分点。

5.2.2　影响农村贫困居民收入的主要因素

农村贫困居民收入的影响因素与致贫因素有相关性，但也有区别。现行的贫困线标准为年人均可支配收入 2300 元（按 2010 年价格计算），是按照农村家庭年人均纯收入水平来进行衡量的，包含了家庭经营性净收入、工资性收入、财产性收入以及转移性收入，下面分别对这些收入的主要影响因素进行分析。

1. 经营性收入

与农村非贫困家庭一样，农村贫困家庭经营性收入包括农业经营性收入和非农业经营性收入，是相应的毛收入与总支出之差，并扣除税费而计算得出。其中：农业经营性总收入取决于农产品市场价格和农产品产量。在价格不变时，产量增加，收入将增加；在产量不变时，价格提高，收入亦会提高。由于农产品的需求缺乏弹性，一般情况下价格和产量不会同时增加，实际上，在现实情形中，常常会出现"谷贱伤农"现象，即产量丰收、价格却暴跌，导致损失惨重。农业经营性支出是由生产资料投入的数量和价格共同决定的，而现实情形是，由于"棘轮效应"，农业生产资料的价格却一直呈上升之势。至于非农业经营性收入则是农民从事乡镇企业或个体工商业经营等活动取得的收入，取决于所在地区非农产业的发展程度、地理位置和农民本身的市场经营能力。由于农业税已完全取消、农民承担的直接税费日益减少，相关税费对农村贫困家庭经营性收入的影响相对有限。

故综合来看，农村贫困家庭经营性收入主要受到农产品价格、农产品总产量、农业生产资料耗费，以及非农收入等方面因素的影响。因"谷贱伤农""棘轮效应"，再加上投入大、周期长、抗自然风险能力弱，农业生产风险整体较大，导致农业经营性收入较不稳定。

2. 工资性收入

对于特定地区而言，通常并不存在专门针对贫困人口的非农劳动力市场，因此，农村贫困居民工资性收入的影响因素与农村非贫困人口居民是一样的，都是由农村居民非农就业机会以及非农劳动报酬共同决定的。某一地区非农就业机会和非农劳动报酬的变化主要受制于非农劳动力市场的供需条件的改变[①]，而非农就业机会一方面取决于市场对劳动力的需求，另一方面取决于劳动力从事非农就业的机会成本。对于具体个体而言，市场需求越大、非农就业机会成本越低，他的非农就业机会越大，所能获得工资性收入相对越多。对于农村贫困人口而言，尤其是深度贫困地区，所占有的人均农业生产资源相当少，所以可以近似认为其非农就业的机会成本为零。至于贫困居民的非农就业市场需求，则取决于地区的非农产业、城镇化发展水平，以及自身的人力资本状况。

此外，现实中我国劳动力市场通常呈现出"二元"分割格局，并不是完全竞争状态。在这种情况下，工资水平的高低并不是简单地由供给和需求双方作用决定，还会受到城乡"二元"结构等制度定性因素的影响。比

---

① 周灿芳. 农民收入增长机制研究——以广东为例 [M]. 北京：中国农业出版社，2012：73.

如：城乡户籍制度导致的社会保障待遇差异，使得城镇职工获得的隐性补贴远高于农村劳动力。因此，农村贫困居民工资性收入的影响因素主要有：非农产业发展程度、城镇化水平、人力资本高低、城乡"二元"结构等。

3. 财产性收入

财产性收入主要取决于家庭拥有资产的多少、资产交易的条件以及集体资产的收益分配等，农村贫困居民亦然。从表面上看，财产性收入的获取并不需要付出太大的劳动付出，但是，资产本质上是由劳动收入转化而来，资产的多少很大程度上是由劳动付出来决定的，只是付出程度在代际间不同而已。在西方发达国家，财产性收入是家庭收入的重要组成部分。比如美国，财产性收入在居民家庭收入中所占比重仅次于工资性收入。随着经济多元化和居民收入水平的提高，财产性收入占我国居民家庭收入比重不断上升也将是趋势。

然而，长期以来由于人力、资本、科技等资源向城镇集中，我国城镇居民既有财产在交易市场上能够获得更多的投资机会和升值空间，也容易获得较多的财产性收入。广大农村居民所拥有的土地使用权、宅基地或不能市场化交易、或被廉价征用、或被闲置，再加上证券、保险等金融市场在农村地区的不发达乃至缺失，致使农村居民财产性收入来源、投资渠道比较狭窄，财产性收入占家庭收入的比重则非常低。

城乡居民获得的财产性收入不均不仅扩大了社会收入分配差距，还将导致社会结构固化，会形成既得利益集团进而阻滞各项改革的顺利实施，不利于社会的健康发展①。深化完善农村产权制度，不断释放"三农"市场潜力，为农村居民创造更多的收入。同时，大力发展农村地区金融市场，为广大农村居民获取财产性收入营造市场环境、提供交易平台，也是农村反贫困的重要举措。

4. 转移性收入

转移性收入属于二次分配范畴，主要表现为无偿、不需要支付对价的

---

① 王敏，曹润林. 城镇化对我国城乡居民财产性收入差距影响的实证研究 [J]. 宏观经济研究，2015（3）：76 – 83.

资金收入，也可以是货物、服务、资金或资产的所有权。农村居民转移性收入来源渠道可以分为四类：一是政府部门提供的各种直接补贴、救济金、救灾款、退休金、抚恤金等；二是慈善组织和其他社会机构提供的救济、保险赔偿、奖励收入等；三是集体组织提供的五保户供给、奖励收入等；四是由亲友等个人提供的赠送等。

当前，受我国社会公益慈善事业发展相对滞后、农村集体经济实力整体较为薄弱等因素制约，农村贫困居民获得的转移性收入高低主要取决于政府提供的转移支付力度、区域经济发展水平、城乡分割的收入再分配制度等。政府转移支付力度则取决于中央和地方的相关财政政策设计，通常地方政府尤其是基层政府执行转移支付政策的规范程度对农村贫困居民获得转移性收入的多寡、公平性影响较大；区域经济发展水平与非农产业、城镇化发展水平密切相关；城乡分割的收入再分配制度则主要指农村医疗、养老等公共产品的投入制度[①]。

社会公益慈善机构、村集体经济组织提供转移性收入的目标较为明确，靶向更为精准，在局部范围内能够起到较好的直接扶贫济弱作用。而政府转移性收入政策较为宏观，覆盖面广，再加上弹性较小，其科学设计与严格执行，不仅关系到农村贫困家庭收入"量"的多寡，对农村居民内部、城乡居民之间的收入分配差距亦有着重要影响，要高度重视其收入分配调控功能。

5.2.3 农村居民消费对收入的影响

尽管收入高低是衡量贫困与否的标准，但消费也是影响收入的重要因素。按照消费资料对人们生活的重要性及人们消费它们的形式，可把消费资料分为生存资料、享受资料、发展资料三大类。其中：生存资料是补偿劳动者必要劳动消耗所必需的消费资料，主要是粮食、蔬菜等食品类；发展资料是劳动者扩大再生产所必需的消费资料，主要是教育文化娱乐、交通通信等方面；享受资料是提高劳动者生活水平、满足人们享乐需要的消费资料，主要是高档生活品消费。

---

① 周灿芳. 农民收入增长机制研究——以广东为例［M］. 北京：中国农业出版社，2012：76.

消费支出是对居民收入的消耗，但是，换个角度看，消费也是为了实现收入更好的增长。生存资料用于满足劳动者体力保持、生命维系需要，发展资料则有助于提高劳动者技能素质、社会资源拓展等，是一种投资性消费。那么，我国贫困地区农村居民消费特征如何？与全国农村常住居民、城镇居民相比较，又有何差异？本书以能够获得的 2017 年数据来分析，如表 5－3 所示。

表 5－3　　　　　我国贫困地区农村居民消费特征比较分析

消费构成	城镇居民		全国农村常住居民		贫困地区农村居民	
	水平 （元/人）	构成 （%）	水平 （元/人）	构成 （%）	水平 （元/人）	构成 （%）
食品烟酒	7001	29	3415.4	31.2	2689	34
衣着	1757.9	7	611.6	5.6	453	6
居住	5564	23	2353.5	21.5	1695	21
生活用品及服务	1525	6	634.0	5.8	485	6
交通通信	3321.5	14	1509.1	13.8	935	12
教育文化娱乐	2846.6	12	1171.3	10.7	883	11
医疗保健	1777.4	7	1058.7	9.7	725	9
其他用品及服务	651.5	3	200.9	1.8	134	2
共计	24445	100	10954.5	100	7998	100

资料来源：根据《中国统计年鉴》《2018 中国农村贫困监测报告》整理得到。

观察生存资料消费，可以看到：2017 年，贫困地区农村居民食品烟酒消费支出为 2689 元，占总消费支出比重为 34%，恩格尔系数即为 0.34；城镇居民为 7001 元，占总消费支出比重为 29%，恩格尔系数为 0.29；全国农村常住居民为 3415.4 元，占总消费支出比重为 31.2%，恩格尔系数为 0.31。比较来看，城镇居民、全国农村常住居民支出水平均比贫困地区农村居民高，分别是其 2.6 倍、1.27 倍。

观察发展资料消费，可以看到：一是教育文化娱乐方面，2017 年，贫困地区农村居民教育文化娱乐支出为 883 元，占总消费支出比重为 11%；城镇居民为 2846.6 元，占总消费支出比重为 12%；全国农村常住居民为

1171.3 元，占总消费支出比重为 10.7%。比较来看，城镇居民、全国农村常住居民支出水平均比贫困地区农村居民高，分别是其 3.22 倍、1.33 倍。二是交通通信方面，2017 年，贫困地区农村居民交通通信支出为 935 元，占总消费支出比重为 12%；城镇居民为 3321.5 元，占总消费支出比重为 14%；全国农村常住居民为 1509.1 元，占总消费支出比重为 13.8%。比较来看，城镇居民、全国农村常住居民支出水平均比贫困地区农村居民高，分别是其 3.55 倍、1.61 倍。

观察居住消费，可以看到：2017 年，贫困地区农村居民居住消费支出为 1695 元，占总消费支出比重为 21%；城镇居民为 5564 元，占总消费支出比重为 23%；全国农村常住居民为 2353.5 元，占总消费支出比重为 21.5%。比较来看，城镇居民、全国农村常住居民支出水平均比贫困地区农村居民高，分别是其 3.28 倍、1.39 倍。但是，从其在各自消费支出中的占比情况来看，彼此差异并不大。

根据表 5-3 的数据，从生存资料消费水平比较来看，我国贫困地区农村居民生存资料消费支出水平与全国农村居民、城镇居民相比差距较大，意味着日常生活质量存在较大差距。在正常情况下，回报一般与投资成正比，人力资本投资更为明显，从发展资料消费水平比较来看，可以看到我国贫困地区农村居民教育文化娱乐、交通通信消费支出水平与全国农村居民、城镇居民相比差距比较大，这意味着发展能力的潜力存在差距，对未来收入水平也将产生影响。而从居住消费支出水平比较来看，贫困地区农村居民与全国农村居民、城镇居民占各自总消费支出比重差异并不大。对于居民家庭来讲，居住消费是大宗支出，从表 5-3 即可看出，所占比重均仅次于食品烟酒支出，这意味着贫困地区农村居民在一些大宗支出上，承受的支出压力与社会整体水平相当。因此，贫困地区农村居民的消费特征对其未来收入水平以及社会群体间收入差距的潜在影响需要及时引起关注。

5.2.4　农村反贫困机制设计

机制的本意是指机器运转过程中的各个零部件之间的互动关系及其运转方式，实践中各类反贫困模式的产生，实质上就是对反贫困机制的具体化与灵活运用。简单而言，农村反贫困机制属于经济机制的一种，就是在一定的经济环境之下，通过一系列相对规范、稳定、配套的制度安排，使贫困居民能够在自利行为的内生性动力驱使下实现脱贫目标。由于可支配收入水平是衡量贫困与否的关键指标，从逻辑上看，要改变农村贫困家庭的生存窘境，则必须通过有效的扶贫资源投入，不断增加其家庭收入、努力降低其家庭支出，从而有效提升其可支配收入水平。当然，这种可支配收入水平必须是结构优化合理、长期可持续而非昙花一现。因此，在农村反贫困过程中，还离不开完善的脱贫保障服务，确保贫困户难以再返贫。

反贫困离不开市场机制这只"看不见的手"，但因为反贫困具有效用的不可分割性和受益的非排他性，有着公共品属性，不能没有政府的积极有效干预。政府必须实施一系列直接针对贫困地区和贫困人口的反贫困政策，以改变贫困人口在资源配置中的不利地位，因此，本书认为农村反贫困机制的核心是：将各级政府以及各类社会组织筹集的扶贫资源，灵活运用行政和市场两种手段，集中形成最大合力实现各方扶贫资源的高效率配置，从而降低贫困户家庭支出成本，促进贫困户稳定增收，并建立完善的脱贫保障服务，使得贫困户不断具备可持续生存能力和发展能力。

从执行层面讲，在当前精准扶贫工作深入推进、脱贫攻坚进入攻城拔寨的关键阶段，农村反贫困实践必须牢牢把握战略机遇，以《中共中央国务院关于打赢脱贫攻坚战的决定》《国民经济和社会发展第十三个五年规划纲要》等扶贫纲领性文件和习近平总书记精准扶贫理念、系列讲话精神为指导，在扶贫资源的筹集和分配投入时服从服务于精准扶贫战略的顶层设计，上下联动、齐心协力实现中国农村反贫困目标。为此，本书构建了如图 5 - 1 所示的农村反贫困机制。

筹集扶贫资源是农村反贫困机制的"抓手"，而"有形之手"的行政配置和"无形之手"的市场配置是其两大重要手段，贫困户则是靶向目标。反贫困的公共品属性决定了政府是农村反贫困活动的主导角色，要充分发挥"有形之手"的组织力、号召力优势，全力组织并广泛动员各方资源聚焦投向贫困地区、贫困户，但是，市场在资源配置中决定性作用的发挥同等重要，要通过市场供求、价格、竞争等"无形"作用机制优化农村土地、林权、贫困劳动力等要素资源配置，以高质量市场经济发展辐射贫困村、贫困户，从而实现区域整体脱贫致富，因此，政府和市场是并行互补角色而非你我替代关系，不能各唱"独角戏"。实际上，在精准扶贫战略实施背景下，一旦政府操之过急，越位于市场边界，极有可能浪费大量人力、物力、财力等政府资源并对市场形成"挤出效应"，而且还有可能产生市场风险、政治风险以及社会风险。

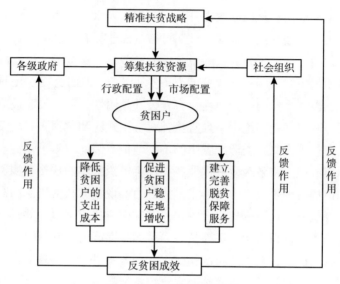

图 5-1　农村反贫困机制

由图 5-1 也不难看出，作为靶向目标的贫困户在农村反贫困机制中处于各方扶贫力量、各种扶贫资源聚焦的中心角色，贫困户能否扮演好这一角色事关农村反贫困的成败。如何扮演好中心角色？笔者认为贫困户并不是扶贫资源的被动承接者，而应是主动对接者，要牢固树立"我要脱贫"而不是"要我脱贫"理念。在精准扶贫战略实施过程中，应努力通过"有形"和"无形"之手最大限度地激发贫困户内生性动力，让其积极参与到农村反贫困实践中来。除老弱病残社会弱势群体外，要极力避免各种资源无条件让贫困户不付出任何努力就可以无偿获取。

使贫困户充分把握政策机遇、借助各方扶贫资源，通过自身不懈努力，克服"有心无力""力所不逮"困境实现脱贫致富是农村反贫困机制的灵魂所在。因为从国家治理角度讲，强调的是共治，是多元主体共同来参与，使得各主体的权力、权利、责任和义务处于一个更合理的结构之中，是一种内生的秩序①。一旦贫困户形成"要我脱贫""不愿脱贫"消极心态，并过度强调权利而游离于责任和义务之外，即意味着农村反贫困机制出现故障，不仅反贫困目标难以顺利实现，还极有可能诱发国家治理风险。对此，需要不时反馈政策实施效果，以促进精准扶贫各项政策设计的不断完善和严格、规范执行。

5.3 农村反贫困财政政策路径设计

5.3.1 财政扶贫资金的构成

国务院扶贫开发领导小组办公室（简称国务院扶贫办）是我国履行财政扶贫职责的专职政府机构，在业务指导上统领全国各层级政府下辖扶贫部门。中央与各层级地方政府的职能部门则是参与扶贫开发的非专职政府机构，同时，政策性银行、国有商业银行、地方商业银行等金融部门也参与其中，配合财政扶贫政策的实施。因此，财政扶贫资金包括专项扶贫资金和非专项扶贫资金。专项扶贫资金由中央财政安排的专项资金和地方政府配套资金构成，非专项扶贫资金涉及中央扶贫贴息贷款、中央专项退耕还林还草工程补助、中央拨付的低保资金、省及以下层级政府自行安排的相关财政资金等方面。

中央财政安排的专项资金主要由如下三部分构成：一是财政发展资金，主要包括支援经济不发达地区的发展资金、"三西"农业建设专项补助资金和新增财政扶贫资金；二是扶贫专项贷款，包括扶贫贴息贷款、一般扶贫贷款和康复扶贫贷款；三是以工代赈资金。这三类财政扶贫资金的投向各有侧重：财政发展资金重点用于发展种植业、养殖业、科技扶贫，适当用于修建乡村道路和桥梁，建设基本农田，兴建农田水利，解决人畜饮水问题，发展农村基础教育、医疗卫生、文化、广播、电视事业；信贷扶贫资金主要用于重点贫困地区，支持能够带动贫困人口增收的种养业、

---

① 刘尚希. 财政与国家治理：基于三个维度的认识 [J]. 经济研究参考，2015 (38)：5.

劳动密集型企业、农产品加工企业、市场流通企业和基础设施建设项目，以及各类企业到贫困地区兴办的有助于带动贫困户增收的项目和小额信贷项目；以工代赈资金用于贫困地区基础设施建设，改善群众生产、生活条件和生态环境，重点修建县、乡、村道路，建设基本农田，新建小微型农田水利，解决人畜饮水及开展小流域综合治理等，适当用于异地扶贫开发中的移民村基础设施建设①。

毫无疑问，反贫困的公共品性质，决定了财政扶贫是我国扶贫的主力②，中央财政则是主力中的主力。尤其是自精准扶贫战略实施以来，中央政府积极调整财政支出结构，不断完善财政扶贫政策体系，财政扶贫资金投入力度逐年加大，而且加快了对地方政府的拨付进度。2015 年，中央财政预算安排专项扶贫资金补助地方部分达 460.9 亿元，省级财政预算安排的扶贫资金是 171.3 亿元，中央财政预算安排规模是地方的 2.7 倍。其投入结构为：扶贫发展资金 370.1 亿元、少数民族发展资金 40 亿元、以工代赈资金 41 亿元、"三西"资金 3 亿元、国有贫困林场扶贫资金 4.2 亿元、国有贫困农场扶贫资金 2.6 亿元③。2016 年，中央财政预算安排专项扶贫资金补助地方部分为 660.95 亿元，比上年增长 43.4%④。2017 年，中央财政预算安排专项扶贫资金补助地方部分达到了 860.95 亿元，其中的 553.94 亿元在 2016 年 10 月提前下达给地方⑤。2018 年，中央财政预算安排补助地方财政专项扶贫资金突破了 1000 亿元大关，达到了 1060.95 亿元，在 2017 年 10 月提前下达了其中的 738.31 亿元⑥。随着脱贫攻坚战的顺利推进，2019 年，中央财政安排补助地方财政专项扶贫资金仍达到 909.78 亿元，同样于 2018 年 10 月提前全部下达，并采取"切块下达"方式，资金项目审批权限完全下放到县，未指定具体项目或提出与脱贫攻

---

① 刘坚. 中国农村减贫研究 [M]. 北京：中国财政经济出版社，2009：97 - 98.

② 王善平，唐红，高波. 能力扶贫及其综合绩效问题研究 [M]. 长沙：湖南人民出版社，2016：25.

③ 国家统计局住户调查办公室. 2016 中国农村贫困监测报告 [M]. 北京：中国统计出版社，2016：68.

④ 中央财政安排拨付财政扶贫资金 660.95 亿元. http：//www. gov. cn/xinwen/2016 - 07/19/content_5092732. htm.

⑤ 中央财政拨付 2017 年财政专项扶贫资金 860.95 亿元. http：//www. gov. cn/xinwen/2017 - 06/08/content_5200771. htm.

⑥ 财政部：2018 年中央财政补助地方专项扶贫资金已完成拨付. http：//news. sina. com. cn/o/2018 - 05 - 04/doc - ifzyqqiq7838613. shtml.

坚无关的任务要求①。

由此充分可见，无论是专项扶贫资金安排规模、还是资金拨付进度，中央政府力度空前，为地方各级政府起到了较好的示范引领作用，也为各地加快预算执行进度，打好精准脱贫攻坚战创造了有利条件，提供了强有力的保障支持。

5.3.2　财政扶贫资金的传递过程

财政扶贫的根本在于不断提高贫困人口自身的反贫困能力，使其具备生存、发展的可持续能力。尽管通过多阶段的扶贫开发，我国财政扶贫取得了巨大成就，但仍不能忽略这样一些现实，即：我国农村贫困人口数量仍然庞大；官方贫困线标准相对偏低；未脱贫的越来越难脱贫；有些脱贫户未过几年又重新回到贫困的队伍；对相对贫困问题重视不够，社会收入分配差距不断扩大。这些均为财政扶贫资金投入规模、投入方向提供了继续优化完善的必要性和客观依据。

财政扶贫资金的传递过程有固定程序，除极个别试点项目是由中央财政直接拨付到项目外，从中央到省一级的传递方式全国基本一致，均采取专项转移支付方式自上而下进行。具体分配方法自 1997 年之后，由传统的"基数法"调整为"因素法"。从中央层面看，参与财政扶贫资金分配、管理的主要部门有国务院扶贫办、财政部、国家发展改革委员会、民政部和国家民族事务委员会。其中：财政部负责财政扶贫资金、国家发展和改革委员会主管以工代赈资金、民政部负责社会救助和农村保障、国家民族事务委员会负责民族地区发展基金，国务院扶贫办则负责各部门间财政扶贫资金的组织协调和监督。相应的，各省级政府也建立了对应组织实施体系，以此承接中央各部门的财政扶贫资金。

从省往下的财政扶贫资金分配方式并不统一。过去多数省份是在参照上年基数的基础上，通过审批项目来审批资金。现在为了提高财政扶贫资金的使用效率，不少省份采用因素法将资金切块直接分配到县，由县级政府统筹安排使用。财政扶贫资金在县级向下的传递程序大体一致，主要是

---

① 财政部关于提前下达 2019 年中央财政专项扶贫资金预算的通知. http：//nys. mof. gov. cn/ybxzyzf/lsbqdqzyzf/201811/t20181126_3076169. html.

将扶贫资金传递到明确的扶贫项目上，资金跟着项目走。因此，县级政府、财政部门和相关管理部门在扶贫资金传递过程中发挥着重要的作用，会在很大程度上决定着扶贫资金的投入方向和使用效率。扶贫资源能否或者能在多大程度上准确地传递到扶贫项目和贫困群体身上，关键取决于县这一层级政府①。不断提高县级政府层面涉农资金统筹整合能力，使其能够结合县域农村贫困特点，灵活而有效地实施农村反贫困资金投入是重中之重。

那么，通过县级层面政府统筹整合后，财政扶贫资金的最终投向如何？在此，以2017年贫困地区县级扶贫资金为例观察，如表5-4所示。

表5-4　　　　　　　　2017年贫困地区县级扶贫资金投向　　　　单位：%

方向	占比
农业	6.7
林业	3.1
畜牧业	3.8
农产品加工业	1.0
农村饮水安全工程	2.8
小型农田水利及农村水电	2.0
病险水库除险加固	0.5
村通公路（通畅、通达工程等）	12.2
农网完善及无电地区电力设施建设	2.9
村村通电话、互联网覆盖等农村信息化建设	1.4
农村沼气等清洁能源建设	0.3
农村危房改造	7.0
乡卫生院、村卫生站（室）建设及实施	1.1
卫生技术人员培训	0.2
劳动力职业技能培训	0.6
易地扶贫搬迁	23.2

① 童宁. 农村扶贫资源传递过程研究 ［M］. 北京：人民出版社，2009：82.

方向	占比
农村中小学建设	8.1
农村中小学营养餐计划	2.7
其他	20.4
共计	100

资料来源：国家统计局农村贫困监测调查。

可以看出：2017 年，贫困地区县级扶贫资金投向比重最大的是易地扶贫搬迁，占比 23.2%；其次是村通公路，占比 12.2%；农村中小学建设支出位居第三，占比 8.1%，将农村中小学营养餐计划支出合并后，占比达到 10.8%；农村危房改造紧随其后，为 7.0%；农业位居第五，占比 6.7%；畜牧业则位居第六，占比 3.8%。可以发现：扭转贫困地区农村居民生存环境困境、改善交通出行条件、夯实义务教育发展基础、促进产业发展帮助农民增收是当前财政扶贫资金投入的主要方向。也可以看出，当前扶贫重点还是改善地理贫困，对能力贫困的改善提升仍有待强化。

事实上，在当下如火如荼开展的精准扶贫战略实施中，县级层面党政领导处在农村反贫困实践的最前沿，既是上级战略部署的执行者，也是基层一线的指导者，其宏观驾驭把握能力、能否树立正确的政绩观、能否灵活运用行政手段和市场手段合理配置资源，对空前规模的财政扶贫资金绩效高低起着关键影响作用，政策实施效果也有待历史的检验和评价。

5.3.3　财政政策反贫困的路径

收入是人类物质生活保障、精神活动追求的基础，而收入水平低下是对贫困现象可操作予以客观比较的衡量标准，也是其典型外在表现，因此，农村贫困居民具备可持续增收能力也应是财政政策反贫困的出发点和落脚点。从时间历程来看，收入增长有短期和长期之分，短期增收相对容易，政府直接通过无偿性转移支付政策即可快速实现，但对反贫困的作用非常有限，效果也非常脆弱，并不意味着贫困对象能够持续地获得生活条件和生活品质的改善；实现收入长时期保持增长态势则不容易，而这恰恰是保证贫困人口脱贫致富的核心要素。如同前面在反贫困机制设计中所强调的，农村反贫困既要重视贫困对象的增收、节支，还要重视构建完善的脱贫保障服务体系，财政扶贫的最终目的是帮助贫困户形成可持续的生存发展能力，从而永久性摆脱贫困。

结合本书对贫困内涵的界定，可将财政政策反贫困划分为财政政策反能力贫困、财政政策反动力贫困和财政政策反地理贫困，这三类财政政策目标相同，但侧重点又有所差异，共同构建形成了一条农村反贫困的循序渐进之路。如图 5 - 2 所示。在该示意图中，将财政政策反贫困的过程，形象地比喻为不断爬坡、呈阶梯性递进状态的动态发展过程。强调财政政策反贫困的根本是提升扶贫对象的综合能力，并尝试将贫困人口反贫困能力细分为生存能力、生产能力和发展能力，其中：生存能力是基础、生产能力是关键、发展能力是目标。

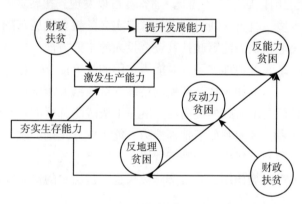

图 5 - 2　财政政策反贫困路径示意图

财政政策应针对不同类型的贫困采取侧重点不一样的扶持措施。针对地理贫困，运用财政资源帮助扶贫对象改善生存生产环境，从而满足维持其基本生活水平的物质需要，主要解决的是绝对贫困问题；针对动力贫困，运用财政资源创造竞争意识充分的生产生活环境，倒逼并激发扶贫对象内在生产动力，消除"等、靠、要"依赖思想，主动作为、发展自我；针对能力贫困，运用财政手段提升扶贫对象的可持续发展能力，帮助扶贫对象在生存有保障的前提下进一步满足自我生存、自我积累、自我发展的需要。每一类反贫困财政政策的侧重点分述如下：

首先，财政政策反地理贫困主要以夯实贫困人口的自我生存能力、满足基本物质生存需要为目标导向。地理贫困突出表现为外部客观因素造成的贫困，比如全国不少连片特困地区地理环境十分恶劣，水、土、林等自然资源严重匮乏，贫困居民受历史上的战争、民族、文化等因素影响居住于此，自身又"力所不逮"，基本处于"靠天吃饭"的原始生存状态，而且交通、通信、教育、文化和医疗保健等公共服务设施奇缺，导致贫困居民长期处于封闭落后状态，自我生存能力极其脆弱。对此，财政政策反贫困的思路是：对于那些综合评估下来，属于"一方水土养活不了一方人"的自然条件恶劣地区，政府则要采取坚决措施进行易地扶贫搬迁安置，帮助贫困群体彻底"挪穷窝"；对于那些基本生存条件相对不足但通过改善可以满足生存发展需要、易地搬迁成本又十分高昂的地区，财政政策扶持的导向就是夯实贫困人口基本生存能力，包括提供人畜饮水、稳固住房、义务教育、医疗卫生、社会保障等援助措施，并通过相关政策举措不断提升其自我发展能力。

其次，财政政策反动力贫困主要以培育贫困人口的基本生产能力、调动人的生产积极性为目标。一方面要加强对贫困地区农村基础设施的开发建设，重点进行基本农田、水利设施、乡村道路及基础能源、通信设施建设，以全面改善农业生产条件、农村生活环境，为农村贫困人口通过种养业、家庭手工业或第三产业取得经营性收入奠定生产基础，也为动力贫困者消除硬件设施不足、经营环境不好等客观因素借口；另一方面重点支持对贫困户增收有带动力的农业产业化龙头企业、劳动密集型企业和特色优势产业，为农村贫困人口创造更多的就业机会，同时促使动力贫困者在融合型的劳动力市场中形成竞争向上意识，倒逼其生产潜能。此外，还要高度重视贫困地区基础教育夯实、公共文化和乡风文明建设，不断增强贫困人口的教育文化水平、法制观念，以及良好的健康、生育、道德、义务等意识，努力激发农村贫困人口的内生动力，形成积极生产、就业、创业的良好氛围。

最后，财政政策反能力贫困主要以提升贫困人口的自我发展能力为目标。在农村反贫困实践中，重点应是进一步提高农村贫困居民家庭的整体人力资本存量，要尽可能的涵括贫困家庭所有贫困人口，包括不同年龄阶段、不同学历层次、不同性别，从而形成人力资本的合力效应。因为仅仅依靠农村贫困家庭个体人力资本的提高难以扭转整个家庭的贫困困境，相反，在城镇化成本不断增加的今天，农村贫困家庭个体人力资本的提升却有可能进一步加剧整个家庭的贫困程度。具体内容应涉及：农村贫困居民家庭子女的基础教育、高中或职业教育、高等教育；农村贫困家庭劳动力的职业技能培训，努力培养劳动力的农业生产技能、劳务转移技能、市场择业技能以及非农产业市场经营技能。通过提升农村贫困居民家庭整体文化素质，提高其在市场经济条件下的自我生存、自我选择、自我发展等各种能力，不断强化夯实脱贫致富的根基，并阻断贫困代际传递的恶性循环现象出现，最终彻底实现"断穷根"目标。

需要特别说明的是，现实世界是立体的、复杂的，贫困问题尤其如此。虽然本书基于贫困类型将反贫困财政政策划分为三类，但是在实际操作层面，不能过于机械和呆板。在精准扶贫战略实施背景下，扶贫模式已由过去的到县、到村调整为到户到人，从而避免了"大水漫灌"模式的弊端，这其实就是对分类施策原则的贯彻。既然贫困分为不同类型、具有不同的特征，那么就不可能采取统一的模式来治理贫困，针对能力贫困、动力贫困和地理贫困的侧重点应该有所区别。在现实情形中，在同一贫困村范围内，各家各户情况迥异，可能不只存在单一类型的贫困，往往是各种类型的贫困相互交织。即使对于同一贫困户而言，在不同时期所属贫困类型可能也是动态变化的。要兼顾到所有贫困对象，做到"一个都不能少"，财政扶贫政策又必须具有动态性和灵活性，实现分类施策与综合施策的有机统一。在地理贫困类型中，往往有可能会交织着动力贫困和能力贫困，所以在农村反贫困实践中，要以系统观认识贫困现象，综合运用各种反贫困政策。当然，不管是采取哪种政策措施，提高贫困人口自身综合能力素质，促使其内生性动力得到激发是农村反贫困财政政策的制定依据和最终落脚点。

第6章 中国农村反贫困财政政策思考与建议

政策建议是理论研究的价值归宿和最终落脚点。按照本书研究假设和逻辑思路,本章分别从能力贫困、动力贫困和地理贫困角度对现行农村反贫困财政政策进行思考,进而提出相应的政策优化建议。同时,笔者认为,农村反贫困是一个系统性工程,必须采取系统性的政策举措才能较好解决,为此,提出了相关配套财政政策建议。

6.1 针对能力贫困的财政政策建议

6.1.1 大力支持教育发展,不断提升农村贫困家庭人力资本

一个人教育水平的高低直接决定了其财富创造能力的强弱,从长远来看,无论是从减少绝对贫困角度,还是基于相对贫困控制考虑,教育帮扶才是反贫困的治本之策,这也是全社会的共识之处。而教育自身又具有公共品特征,属公共财政供给的范畴,毫无疑问,要实现中国农村反贫困目标,必须高度重视通过财政政策手段不断促进教育的深化发展,进而发挥出教育的反贫困功能效应。

1993年,中共中央、国务院发布《中国教育改革和发展纲要》提出财政性教育经费支出占GDP比例到2000年要达到4%,《国家中长期教育改革和发展规划纲要(2010~2020年)》再次明确指出财政性教育经费支出占GDP比例在2012年要达到4%。相当长时间以来,为实现该目标,

自上而下各级政府加大了财政支持教育发展的力度，对我国教育事业发展也产生了深远影响。然而，党的十八届三中全会报告中关于深化财税体制改革第十七条内容提到："审核预算的重点由平衡状态、赤字规模向支出预算和政策拓展。清理规范重点支出同财政收支增幅或生产总值挂钩事项，一般不采取挂钩方式。"这说明，财政支出挂钩财政收支增幅或生产总值可能存在不合理，至少存在值得商榷之处。那么，财政性教育经费支出是否应脱钩国内生产总值？实际上，外部环境是在不断变化发展的，财政支出也应视具体情况而定，即根据实际支出需要来合理安排规模。结合当前财政在教育领域的投入现状及特点，本书认为应进一步优化投入方向，不断提高教育财政支出在反贫困等诸多领域的产出绩效。

针对九年义务教育：义务教育是国民素质提升的基础。1986 年 4 月，《中华人民共和国义务教育法》颁布，以法律形式明确了九年义务教育。2006 年 6 月该法修订，再次明确了九年义务教育，国家则建立义务教育经费保障机制。特别是在 2005 年 12 月，国务院专门发布了《关于深化农村义务教育经费保障机制改革的通知》，逐步将农村义务教育全面纳入公共财政保障范围，建立中央和地方分项目、按比例分担的农村义务教育经费保障机制。在多年来政府不断加大财政性教育经费投入推动下，中国农村义务教育无论是"硬"件环境还是"软"件环境都有了极大改善，这对提升农村人口素质、助推农村反贫困发挥了重要作用。那么，在新形势条件下：一是要充分结合国家"二孩"政策、城镇化发展趋势、移民搬迁、地理区位实际等因素，精确测算当地学生人数变化趋势，按照"宜留则留、应撤则撤"的原则，合理布局农村中小学教学点尤其是小学，防止财政投入的"短视"行为。二是重点加大集中教学点师生教学、食宿条件的基础设施建设财政投入力度，继续巩固农村义务教育阶段家庭困难寄宿生生活费补助制度、农村义务教育学生营养改善计划，同时根据市场物价变化调整补助标准，对于特困家庭学生实施生活费全免制度，确保师生能够享受较好的"硬"件环境并确保特困家庭学生无生活之忧，从而保障农村九年义务教育普及率。三是通过提高工资补贴、艰苦边远地区津贴、财政奖励等方式吸引大学生、城区教师到农村中小学支教或任教。尤其是促进城乡均衡发展、提升农村地区学校教育质量的教育资源，包括外语、音乐、体育、美术、自然科学等当前农村中小学极为短缺的师资力量，不断优化农村中小学师资专业结构，增加农村中小学课堂知识的全面性、趣味性，从而保证农村学生的义务教育参与度，并实现其全面综合发展。

针对普通高中教育：普通高中教育是国民进一步接受高等教育，不断提升综合能力素质的重要阶段载体，对提升国民整体素质起着承上启下的关键作用。建议政府结合财力实际，分步骤将普通高中教育纳入义务教育保障范围，即实施"十二年"义务教育保障计划。第一步，对农村贫困家庭学生在户籍所在地接受普通高中教育，免除学杂费并通过财政补助方式按期给予其一定的寄宿生活费资助。第二步，对城镇困难家庭学生在户籍所在地接受普通高中教育，全部纳入义务教育保障范围，免除学杂费并通过财政补助方式按期提供一定的寄宿生活费资助。第三步，对全国范围内的农村、城镇家庭学生，在户籍所在地接受普通高中教育统一实施义务教育保障计划，全部免除学杂费，寄宿生活费资助对象则为家庭困难学生。

针对中等职业技术教育：中等职业技术教育是与普通高中教育并行的教育模式，不仅是缓解我国当前技能型人才短缺与经济社会发展现实迫切需要二者间结构性矛盾的重要载体，而且对贫困家庭学生掌握某项专项技能、顺利实现就业较快改变贫困状况有着直接影响作用。早在 1983 年，教育部、劳动人事部、财政部、国家计划委员会就联合出台了《关于改革城市中等教育结构、发展职业技术教育的意见》。为此，自 1983 年起，中央财政每年安排 5000 万元职业教育专款，2001 年增加到 7000 万元。2016 年，中央财政对现代职业教育质量提升计划专项资金预算已达到 176.63 亿元。同时，为支持职业教育改革，从 1999 年起中央财政在"面向 21 世纪教育振兴行动计划"专项资金中，每年安排一定比例用于职业教育课程改革和教材建设等开拓性项目。我国职业教育由此得到了长足发展，但是，迄今仍存在不少困境。对此，本书建议可将中等职业技术教育与普通高中教育同等纳入到义务教育保障计划，形成职业技术教育与普通高中教育地位同等重要的社会舆论氛围，吸引更多的学生根据自身实际接受职业技术教育。同样，基于国家财力、职业教育健康发展等现实因素考虑，中等职业技术教育学费不能"一刀切""一步到位"式地一免了之。根据 2016 年中国财政科学研究院教科文研究中心的问卷调查显示，"一刀切"的中职免费政策存在"养懒校"、生源恶性争夺、职业教育激励削弱等系列负面效应①。可按上述普通高中教育纳入义务教育保障计划模式在农村、城镇分步骤实施，学杂费逐步减免、寄宿生活费资助对象则为困难家庭学生。

针对高等教育：高等教育是培养高级专门人才的社会活动，意味着人的综合能力素质能够得到全面塑造提升，农村贫困家庭学生接受高等教育后，一般能够彻底"挪穷窝"进入城市工作生活，因此，对农村反贫困有着重要而深远的意义。目前，政府、高等学校自身均建立了相对完善的贫困家庭学生奖学、勤工俭学、助学贷款等帮扶政策体系。而且，随着公益事业的不断发展，社会力量资助高等学校的氛围越来越浓厚，贫困家庭学生能够得到更多的社会帮扶。顺利完成学业后，他们一般可通过参加公平、公正、公开的招聘考试找到工作岗位，或通过自主创业等方式获得工资性、经营性收入。

6.1.2 有"增"有"减"财政投入，科学支持农村医疗卫生事业发展

长期以来，因病致贫是导致农村贫困的一个重要影响因素。很多农村家庭要么因为疾病治疗支出陷入深度贫困之中，要么因为看病贵未及时就医导致劳动能力丧失最终陷入贫困状态。为此，2002 年 10 月，中共中央、国务院出台了《关于进一步加强农村卫生工作的决定》，明确指出要"逐步建立以大病统筹为主的新型农村合作医疗制度"。自 2003 年起，中央财政对中西部地区除市区以外的参加新型合作医疗的农民每年按人均 10 元安排合作医疗补助资金，地方财政对参加新型合作医疗的农民补助每年不低于人均 10 元。2009 年，作为国家深化医疗卫生体制改革的主要战略部署，新农合作为农村基本医疗保障制度的地位得以完全确立。2016 年 4 月，国家卫生计生委会同财政部联合印发了《关于做好 2016 年新型农村合作医疗工作的通知》，各级财政对新农合的人均补助标准达到 420 元，并将政策范围内门诊和住院费用报销比例分别稳定在 50% 和 75% 左右。2017 年，各级财政对新农合的人均补助标准进一步提高到了 450 元。可

---

① 韩凤芹. 中职教育学费不能盲目"一免了之". http：//www. crifs. org. cn/index. php？m = content&c = index&a = show&catid = 13&id = 174.

见，政府已经充分意识到医疗支出对农村家庭贫困的重要影响，逐年提升了财政支持力度。但结合前文第 3 章相关描述性分析，笔者认为，政府还需在财政投入"增""减"两字上下功夫，科学支持农村医疗卫生事业发展，防止因病致贫、因病返贫现象出现。

增：结合经济社会发展、中央和地方政府财力实际，继续逐步提高财政对农村居民新型农村合作医疗的人均补助标准；加大对农村家庭尤其是贫困家庭患病人员大病保险支持力度，实施精准大病保险政策；降低农村困难家庭人员大病保险起付线，提高其大病保险享受水平，减轻其大病医疗支出负担；提高大病保险报销比例，重点对贫困家庭予以倾斜；实施重特大疾病医疗救助，逐步将农村低收入家庭老年人、未成年人、重度残疾人、重病患者和因病致贫家庭重病患者纳入救助范围。

减：从顶层设计入手，撤销一些行业部门制定的"一村一卫""乡医培养工程"等不切实际的指标要求。从实际调研来看，一些地方脱离客观实际，盲目实施的"一村一卫"工程项目形同虚设，未投入有效使用，极大浪费了财政资金；"乡医培养工程"也难以较好发挥实效，不能满足农村群众日益提升的有安全质量保证的医疗诉求，财政支出效益不高。应充分结合地理区位、交通条件、基层医疗人才实际，整合医疗卫生资源，科学合理布局农村医疗卫生室，确保财政资金投入发挥实际效果。对于农村医疗人才匮乏现状，则可通过增加工资补助、职称评定必须具备一定农村医疗工作服务年限等方式吸引大学生、城镇医力力量，以此缓解农村群众看病难，并尽可能得到有质量保证的医疗服务问题。此外，要立足于促进我国医疗卫生事业健康发展实际，不断深化医疗管理体制改革，控制医疗费用不合理增长。既要降低群众尤其是城乡困难家庭群众的医疗卫生支出负担，也要减轻政府医疗卫生方向的财政支出压力。

6.1.3　组织开展有效技能培训，不断提高农村贫困者技能水平

对于能力贫困中受教育年限偏低但学习能力较强、某方面技能缺乏但有强烈学习愿望的"有心无力"型农村贫困者，开展有效技能培训可以在相对较短的周期内提高其技能水平，帮助其顺利实现就业从而通过自身劳

动能力获得工资性、经营性收入，这样的农村反贫困举措无疑是最理想的方式。对于贫困者而言：通过自身劳动能力提升实现脱贫致富，不仅能够有效、可持续的增加经济收入，还会赢得社会的认可和尊重；对于政府而言：通过财政资金投入支持举办针对性强、有实效的技能培训活动，不仅促进了贫困者就业创业，使其能够较好地实现脱贫致富，还减轻了直接"输血"式扶贫方式带来的财政负担压力。同时，对整个社会自食其力、勤劳致富风气的形成也有着较好的推动作用，有利于国家治理，促进社会和谐。

21 世纪以来，中央高度重视对农民的技能培训工作。2003 年 9 月，国务院办公厅转发了农业部、劳动保障部等六部委联合制定的《2003～2010 年全国农民工培训规划》，明确指出中央和地方各级财政在财政支出中安排专项经费扶持农民工培训工作。随后，在 2006 年 3 月国务院出台的《关于解决农民工问题的若干意见》，2010 年 1 月国务院办公厅发布的《关于进一步做好农民工培训工作的指导意见》等一系列政策文件中，不断强调要完善机制，保证经费投入深入推进农民工技能培训工作。2017 年中央一号文件《中共中央国务院关于深入推进农业供给侧结构性改革加快培育农业农村发展新动能的若干意见》更是明确提出"由政府主导，整合各渠道培训资金资源，将对农民的职业技能培训作为农村人力资源开发的重点，注重技能培训的针对性和实效性"。2018 年中央一号文件《中共中央国务院关于实施乡村振兴战略的意见》进一步提出，要"全面建立职业农民制度，完善配套政策体系。实施新型职业农民制度。支持新型职业农民通过弹性学制参加中高等农业职业教育。创新培训机制，支持农民专业合作社、专业技术协会、龙头企业等主体承担培训"。这些政策举措对针对性有效提升农民的技能发挥着重要推动作用，政策效果值得期待。

实际上，对于既有"有心无力"型贫困者，接受系统高等教育提升个人人力资本缺乏现实可操作性。那么，由政府主导组织开展"造血"的技能培训活动，快速提升贫困者自身劳动能力则是农村反贫困的重要手段。对此：一是各级财政要结合实际需要，保障针对农民技能培训的专项财政资金投入，不断提升教学点、教学设备、师资力量、教材等硬件和软件设施质量，形成有效"供给"。二是地方政府要充分结合宏观经济社会发展变化、地方产业结构布局特点，制定科学技能培训规划，并加大技能培训宣传力度，动员广大农民积极参与，实施开展针对性、周密性的技能培训。三是要注重技能培训跟踪问效，保证培训内容能够"生根、发芽、开花、结果"，对农村、农业、农民产生有效"产出"。四是要创新培训形式，结合培训内容实际，可组织选拔农村能人外出集中培训，也可邀请专家进乡镇、进农村开展实地培训，确保可接受、可理解性。五是要创新培训载体，可通过政府购买服务方式，吸引公司企业、社会力量参与农村技能培训工程。实际上，公司企业、社会力量由于点多面广，在专业人才、技能知识更新、市场信息反应等方面有其各自优势，政府通过购买服务方式，可以弥补自身资源的不足。

6.2　针对动力贫困的财政政策建议

6.2.1　严格低保准入制度，避免滥用低保政策"兜底"

自 2003 年民政部开始探索实施农村最低生活保障工作以来，迄今，全国范围内大部分地区出台了全面建立和实施农村低保制度的政策文件。毫无疑问，农村最低生活保障制度对农村老弱病残弱势群体起到了较好的政策"兜底"作用，体现了以民为本的执政理念，有利于社会稳定和谐。然而，该项制度如果不严格规范执行，在实施过程中一旦靶向目标不精准，会造成社会不公平，不利于乡村秩序稳定。尤其是对于"有力无心"型动力贫困者，不仅会加重其"等、靠、要"依赖思想，使其陷入"贫困—低保—贫困—低保"的恶性循环，而且会强化该群体不合理权利意识，导致权利与义务配置的不均衡，进而在农村形成相互比穷、争享低保的不良社会风气，对乡风文明有极大的负面影响，更不利于乡村振兴战略的顺利实施。

按照现行农村最低生活保障制度规定，保障对象是家庭年人均纯收入低于当地最低生活保障标准的农村居民，主要是因病残、年老体弱、丧失劳动能力以及生存条件恶劣等原因造成的生活困难。但是，低保准入的把关审核人员却是村干部或乡镇干部，受收入监测困难、乡邻、宗族、利益等多种因素影响，存在准入条件不严格审核、难以规范执行等现实问题，从而使得低保制度在农村很难得以公平、公正实施，一些地方甚至出现了

"开着轿车领低保"乱象，备受各方争议。同时，在精准扶贫背景下，为实现脱贫摘帽目标，即为了短期政绩考核需要，一些地方政府存在通过低保政策"兜底"方式直接增加贫困户家庭收入，扭曲了低保制度设计的初衷，不仅加重了财政负担，更强化了贫困者"等、靠、要"依赖思想，默许了其不合理权利意识，增加了村民自治、政府治理的难度。对此：一是要严格规范执行低保准入制度，将低保对象主要限定于因病残、孤寡、年老致贫范围，并做到公示公开，接受相互监督。二是要严格纠正地方政府通过低保政策"兜底"方式，直接增加贫困户家庭收入以实现脱贫摘帽目标的短期政绩行为。可借助脱贫考核、财政监督、审计监督等手段对一地低保享受人数数量、低保财政支出规模等重点指标，分析贫困地区脱贫摘帽的低保政策依赖度，约束规范地方政府的短期行为。

6.2.2　统筹整合涉农补贴政策，优化选择扶持方向

如前所列，为促进"三农"发展，从中央到地方各级财政均出台了一系列涉农财政补贴政策。从实地调研来看，一些涉农财政补贴政策对农民农业生产决策并无实质性影响，即无论是否得到这些财政补贴资金，农民的生产意愿、生产规模均不会发生较大波动变化。尤其是财政资金"胡椒撒面"式扶持分散、小规模的农业耕作模式，不仅撬动效应不明显、绩效不高，甚至还存在套取涉农财政补贴现象，极大浪费了财政资源。不仅未能对"三农"事业发展取得预期的政策扶持效果，还助长了一些农村贫困者"等、靠、要"依赖思想，强化了其不合理的权利意识，不利于国家治理。

笔者建议：在进一步充分调研基础上，对当前各级政府设立的名目繁多的涉农财政补贴政策予以全面综合绩效评估。基于政策性农业保险、生态环境保护等方面的涉农财政补贴扶持政策可继续保留。对于农作物良种补贴、种粮农民农资综合直补、农民购买农业机械补贴等产出效应不明显的涉农财政补贴资金则予以统筹整合，由分散补贴调整为集中扶持粮食主产区、农业龙头企业、农业生产大户等对象。在规范、公开、透明的分配机制和严格的监督管理下，形成财政资金扶持的规模效应，提高财政资金产出绩效，从而助推我国现代农业发展。同时，这种政策调整也有利于削弱农村部分贫困居民"等、靠、要"依赖思想，淡化其不合理的权利意

识，促使整个农村形成勤劳致富的良好风尚。

6.2.3　加大乡村文化建设力度，弘扬积极进取勤劳风尚

文化具有引领示范功能，能够丰富人的精神世界，是培养健全人格的重要途径。优秀文化以其特有的感染力和感召力，使人深受震撼、激发动力，能够鼓励和鞭策人们不断创造美好幸福的生活。针对在农村反贫困实践中，部分消极依赖思想严重的贫困群体，可充分发挥优秀文化的引领示范功能，不断激发其内生动力。

党的十九大报告提出要实施乡村振兴战略，"乡风文明"则是总要求的核心内容。《中共中央国务院关于实施乡村振兴战略的意见》（2018 年 1月 2 日）进一步指出：乡村振兴，乡风文明是保障。必须繁荣兴盛农村文化，焕发乡风文明新气象，提升农民精神风貌，培育文明乡风、良好家风、淳朴民风，不断提高乡村社会文明程度。同时，要激发贫困人口内生动力，把扶贫同扶志、扶智结合起来，把救急纾困和内生脱贫结合起来，引导贫困群众克服"等、靠、要"思想，逐步消除精神贫困，促进形成自强自立、争先脱贫的精神风貌。这些既为新时期加强乡村文化建设指明了方向，也为其提供了重要发展契机。

对此，从财政政策角度，各级政府要加大财政资金投入力度，并形成制度化年度预算安排，大力支持繁荣乡村文化的优秀文化产品生产、文化作品创作、文化活动开展、文化队伍建设，融入重视教育、计生、卫生、安全等积极健康理念，弘扬爱国、守法、诚信、勤劳、友善精神，让农村广播响起来、电影看起来、书屋读起来、宣讲员讲起来、舞台跳起来、球场动起来，并建立健全长效可持续运转机制，使优秀义化吸引人心、深入人心、凝聚人心，发挥出潜在的乡村治理功能。

6.3　针对地理贫困的财政政策建议

6.3.1　财政支持"就近搬迁"模式，克服地理贫困

对于"一方水土养活不了一方人"地理贫困中的先天智力低下、健康

缺乏、年老体弱等贫困者，可通过财政政策支持"就近搬迁"模式让其"挪穷窝"。就近搬迁模式主要是指由政府主导、村两委配合，在村内选择地形地势较为平坦、交通出行较为方便、生产生活基础设施容易改善的区域作为贫困户集中安置点，进而根据贫困者的贫困程度通过财政全部出资或主要出资方式统一建设安居住房。"就近搬迁"模式考虑的主要因素有：一是对因地理贫困致贫的贫困者，改善其原有生产生活区域的居住、交通、饮水、用电等环境条件的财政资金投入远大于搬迁成本。二是维持地理贫困者既定生产生活区域，不考虑短期内政府改善其生产生活环境所投入的财政资金成本，但是，贫困者依然"力所不逮"难以脱离贫困，在未来仍需政府予以帮扶。在这种情况下，政府必须算好"成本—效益"账，宜直接通过"一步到位"的"就近搬迁"模式帮助该类型农村贫困群体克服地理贫困。

政府通过财政支持将该类型地理贫困者通过"就近搬迁"模式集中安置后，继而改善其交通、用水、用电、广播网络等生产生活环境，可以节约财政资金，发挥财政资金投入的集约效应，贫困者自身也可以获得更大的生产生活便利，降低生产生活成本。同时，"就近搬迁"后，农村贫困家庭不仅可以就地、就近依托原有资源条件发展"庭院经济"，也可以借助财政扶持政策因地制宜发展相关产业，还可以利用信息渠道的改善、出行的便利就近实现转移性就业，从而多渠道增加家庭收入。

6.3.2　财政支持"易地搬迁"模式，克服地理贫困

对于"一方水土养活不了一方人"地理贫困中"有心有力但力所不逮"型贫困者，可通过财政政策支持鼓励其参与"易地搬迁"模式彻底"挪穷窝"。"易地搬迁"主要是指地方政府结合城镇化发展趋势，在靠近集镇、县城等交通条件便利，有一定产业支撑的区域设立移民集中安置点，并统一设计建造安居房，进而根据贫困家庭贫困程度、家庭人口数量予以一定的购房财政补贴。"易地搬迁"模式考虑的主要因素有：一是政府改善贫困者原有生产生活区域的居住、交通、饮水等环境条件的财政资金投入远大于搬迁成本，或贫困者通过自身努力很难改善原有生产生活环境，而且会耗费大量人力、物力和财力，进而会陷入深度贫困之中。二是

该类型贫困者借助"易地搬迁"模式，能够较好的适应城镇生活，并且通过自身努力、政府适当的政策引导或扶持可以自食其力、增收致富。

该类型地理贫困者通过"易地搬迁"模式"挪穷窝"，可以产生系列积极效应。一是对于政府而言，可以节省改善贫困者原有生产生活环境的各项财政资金投入，继而统筹整合到新的支出方向，既避免了财政资金浪费，还优化了财政资金使用方向，提高了财政支出的整体绩效。二是对于贫困者而言，通过自身和政府的共同努力改变了原有生产生活环境，既降低了生产生活成本，还能够依托城镇化带来的各种市场机会，有效增加自身工资性、经营性等收入。此外，"易地搬迁"模式一定程度上有利于推动我国城镇化发展进程，提升城镇化发展质量，因为稳定的住房安置不仅可以帮助贫困者降低市民化成本，使其能够安居乐业，还能够拉动内需，活跃市场经济。

但需要注意的是：易地搬迁贫困户生产生活环境调整后，面临着从农村生活向集镇生活、从散居文化向聚居文化、从宗族文化向社群文化等人文环境的调整适应，极大程度上影响其能否"稳得住"，在我区少数民族地区尤为明显。这就需要政府根据社群区域调整，优化财政投入，建设一个功能配套设施完善、制度建立健全、生产生活发展有保障、服务管理全方位的移民社区。

6.3.3　财政加大基础建设投入力度，克服地理贫困

"就近搬迁""易地搬迁"主要是彻底解决自然资源禀赋极其匮乏"一方水土养活不了一方人"地理贫困区域脱贫问题的重大举措，但是，无论是就近搬迁，还是易地搬迁都是一项复杂系统工程，涉及搬迁贫困户生存方式转变、人文环境调适、公共服务保障等能否确保"搬得出、稳得住、能致富"的诸多现实问题，需要各地政府审慎、稳步推进实施。

对于自然资源禀赋相对丰富但受基础设施限制的地理贫困中"有心有力但力所不逮"型贫困者，则可通过政府加大基础设施建设投入力度，帮其补齐发展"短板"，克服地理贫困。具体来讲：一些地理贫困区域，拥有相对丰富的自然资源禀赋，其发展的短板主要是受到交通、水利等基础设施建设滞后的制约，使得资源的潜力未能得到释放，从而就地发挥出农

村反贫困效应。那么，政府对居住在该区域的农村贫困群体，要综合评估假设易地搬迁及后续管理所需的财政投入成本，核算假设基础设施改善降低的社会成本、自然资源禀赋释放形成的预期收益。切实立足于群众的短期和长远利益综合考虑，如果预期收益远大于成本，笔者建议应尊重我国"安土重迁"的传统文化，坚决加大财政投入力度，在通路、通电、通水等基础设施建设上下功夫，帮助贫困群众扭转"力所不逮"困境，实现就地脱贫致富。

6.4 针对农村贫困者增收的政策建议

6.4.1 财政扶持产业发展，促使农村贫困者通过市场机制增收

产业发展是一个宏观经济问题，学界相关研究成果已经论证，经济发展有利于减少地区贫困，即市场经济越发达的地方，贫困发生率也越低。而经济发展依赖于产业发展，可见产业发展对反贫困起着重要影响作用。针对产业发展政府是否应该制定政策予以扶持？2016 年，学界围绕此命题进行了较为激烈的辩论。其中：代表人物为北京大学国家发展研究院张维迎教授与该研究院名誉院长林毅夫教授，张维迎教授主张废除任何形式的产业政策，政府不应给任何行业、企业特殊政策，林毅夫教授则认为经济发展要有产业政策才能成功。随后，在学界引起了更广泛的激烈讨论。当然，各有各的支持者，很难达成共识。农村反贫困也涉及产业发展，因为农村贫困者只有参与到市场，要么通过外部市场产业发展实现自身就业获取工资性收入、要么通过自身发展产业获取经营性收入，才能实现增收脱贫致富。

那么，产业发展政府究竟应不应该扶持呢？笔者认为，过于偏激的观点既违背了具体问题具体分析的哲学观，也不符合客观实际。从宏观视角来讲，产业政策不仅包括财政、税收、金融等涉及有形资本"硬"投入的政策类型，还包括知识产权保护、公平竞争市场规则等制度型"软"投入

政策。而学界争论的焦点主要集中在是否需要有形资本支持上，这是基于对产业政策的狭义理解，制度型"软"投入政策必须由政府来供给。同时，在一些贫困地区，如果配套的交通、水利、电力等公共基础设施缺位，该地资源禀赋很难吸引外部市场开发。实际上，从财政政策角度，笔者认为可以通过简单的"投入—产出"法来确定产业扶持的标准。即当某一企业在转型升级或其他特殊时期处于财务困境，得到一定的财政资金奖励或补助支持，但其最终税收贡献、企业就业人员工资之和大于政府支持的财政资金，就说明财政资金花有所值，至少未存在浪费，因为财政资金投入不仅创造了税收，还解决了社会就业问题，维护了政治稳定和社会和谐。而这样的产业扶持案例，在现实中并不鲜见。

在精准扶贫的农村反贫困战略实施下，如何通过财政政策扶持产业发展助推贫困居民脱贫增收？笔者认为需要把握好几个方面：

一是避免陷入精准扶贫要求产业精准到贫困户、贫困村的误区。在精准扶贫战略实施过程中，一些地方制定了产业精准发展到贫困户、贫困村的制度设计，这不仅有可能浪费财政资金，还有可能形成市场风险。财政政策应有所为有所不为，财政政策扶持的准确定位应是能够辐射影响到贫困户的产业对象。辐射影响既可以是贫困者自身亲自主导发展产业，也可以是通过转移性就业参与到该地产业市场或外部产业市场环境中。这就意味着财政政策扶持产业发展，并不是指财政资金"胡椒撒面"式地分散投入到每个贫困户家庭之中。如果贫困家庭自身主导产业发展，符合"投入—产出"法，可以提供一定的财政政策扶持；如果财政扶持到具体贫困居民，对其生产决策并无较大影响，产业的可持续发展能力较弱，那么，这样的财政政策扶持方式不仅会浪费财政资金，消耗政府有限的财力，还会强化贫困者不合理的权利意识，不应予以推行。

二是财政政策重点倾斜扶持贫困县特色优势主导产业，助其做大做强提升区域整体市场化水平。贫困地区常常也是市场不发达地区，那么，提升其市场化成熟程度辐射带动贫困者应是财政政策扶持的方向。贫困县要结合自身交通区位、资源禀赋实际，尊重市场在资源配置中的决定性作用，充分发挥市场力量推动发展特色优势主导产业，既可以是农业，也可以是工业，还可以是第三产业，不断培植财源增强自身财力，并为地方民众创造更多的市场就业机会，形成"产业—就业—产业"的互促互动发展。产业扶持财政政策一方面要定位于配套交通、水电、通信等基础设施领域，为产业发展提供良好的"硬件"设施环境；另一方面要重视出台人才引进的配套财政激励政策，通过财政激励政策吸引新人才、新技术、新理念，为当地经济社会发展提供一定的"软件"设施支持。同时，对带动农村贫困者就业的企业可实施一定的财政奖补政策予以支持，但必须遵循"投入—产出"法。财政政策对产业规模、产业管理等企业具体生产决策则不应干预，应让市场机制来影响决定。

三是财政培育扶持新型农业经营主体和服务主体，促进贫困户就地增收。完善、健康、活力的市场结构是由不同大小的市场单元细胞组成，新型农业经营主体和服务主体是现代农业发展趋势下的市场单元细胞形式。除参与外部产业市场通过转移就业增收脱贫外，农村贫困者还可以通过技能培训就地依托资源发展新型现代农业，成为新型农业经营主体或服务主体实现增收致富。2017 年的中央一号文件《中共中央国务院关于深入推进农业供给侧结构性改革加快培育农业农村发展新动能的若干意见》，正是以增加农民收入、保障有效供给为主要目标。立足于财政政策支持角度：在支持方向上，一方面应是生产周期相对较长的绿色生态有机农业，努力推动将其做成带动农民增收的大产业；另一方面可是顺应市场消费趋势，因势利导支持发展乡村休闲旅游产业。在支持主体上，应加强培育扶持形成相对规模、较好经营管理能力，并吸引农村贫困家庭以人力、土地、资金等要素资源入股参与发展的新型农业经营主体和服务主体，包括农业专业合作社、家庭农场、农业公司、农业龙头企业等。在支持方式上，可通过"先建后补""以奖代补""财政贴息"等方式支持农业科技创新、农业经营模式创新。同时，支持地方政府建立担保机制，建立风险补偿基金，撬动金融和社会资本更多投向农业、农村、农民，充分发挥财政政策"四两拨千斤"的杠杆效应。

四是财政重点支持能够实现农地流转，释放新时期农业产业市场潜力的市场经营主体。时下，农村越来越虚设的土地集体所有权、分散的土地经营权制度设计，受市场利益、农村宗族、文化习俗、历史等各种因素综合影响，并未取得预期政策效果。在很多地方，农民手中的土地、山林很难被流转，即使最终实现流转，谈判、沟通、签约的交易成本非常高，影响了农业的规模化、现代化、市场化经营，制约了农业产业较快成为我国经济新的增长极。多年来中央一号文件聚焦三农，尽管取得了较大成绩，但是，农业不强、农村不稳、农民不富的现状多少能说明一些问题。笔者认为，因为现行农村土地制度设计，在农民、市场、农业产业三者间存在较大的资源配置帕累托改进空间。财政作为国家治理的工具，要发挥其调控功能，应重点支持能够流转农民手中土地，并保证农民、自身、农业产业三方利益的市场经营主体，加速农业现代化进程，加快农业成为新的经济增长极，从而助推我国经济结构转型升级，向更高层次发展。毋庸置疑，农业产业市场潜力的整体释放，在科学的配套收入分配机制设计下，其农村反贫困效应将是巨大的。

6.4.2　财政扶持村级集体经济发展壮大，实现村民共同富裕

发展壮大村级集体经济对促进农村发展，就地辐射带动农村贫困家庭增收致富有着重要作用。早在 1990 年，习近平同志就意识到扶贫要注意增强乡村两级集体经济实力，否则，整个扶贫工作将缺少基本的保障和失去强大的动力[①]。

新时期我国东部沿海以及中西部部分地区对村级集体经济进行了有效探索实践，在优化配置农业生产要素、实现农民共同富裕、提高农村公共服务能力等方面体现出了强大的引领功能，实现了村集体、农户以及市场等各方的多赢局面。2016 年 12 月 10 日，由中国村社发展促进会特色村工作委员会、名村影响力研究评价课题组主持研究评价的 2016 名村影响力排行榜发布，其中：300 强中有不少行政村坚持走集体化发展道路，实现了村民共同富裕。这些行政村遍布东、中、西部地区，既有长期以来坚持发展村级集体经济的江苏华西村、山西大寨村、河南南街村等，也有新时期通过探索发展壮大村级集体经济的典型。突出代表则是安徽小岗村，当年的分田单干解决了群众温饱但是未能实现富裕，如今又重新合并走集体经济发展道路，不仅实现了村集体经济的壮大，为村民自治提供了强有力的物质保障，还实现了群众增收致富。

家庭联产承包责任制在特定历史时期，充分调动了农民生产积极性，

---

① 习近平. 摆脱贫困［M］. 福建：福建人民出版社，2014：191.

极大释放了农村生产力。但是，因为过于强调"分"而忽视"统"，导致一个个独立、分散的家庭经营个体市场抗风险能力极为脆弱。同时，随着快速发展的城镇化进程，越来越多的农村人口流向城镇，大量村级集体资产资源也被闲置。在这种现实背景下，因地制宜创新村级集体经济有效实现形式，最大化发挥其规模经济效应无疑可以优化要素资源配置，实现我国农村生产力的再一次释放，并发挥出农村反贫困功能。

新时期，发展壮大村级集体经济，不仅需要村民、村干部、政府对其充满信心，还需要一系列政策予以支持，包括需要财政、税收、金融等政策的共同发力。然而，由于鲜有针对性的财政政策出台，使得金融、社会资本处于观望状态，导致发展壮大村级集体经济的资本支持不足。2015年10月，财政部出台了《关于印发〈扶持村级集体经济发展试点的指导意见〉的通知》，明确2016年中央财政选择在13个省份开展扶持村级集体经济发展试点工作。对此：一是直接提供财政资金扶持。各级政府可视财力情况，考虑从涉农资金中抽取部分作为发展壮大集体经济的扶持资金，或直接设立财政专项资金，通过以奖代补、项目资助等方式，对不同条件的村级集体经济组织予以扶持。对于资产资源充分、资本实力较好的村级集体经济组织，财政提供一定资金支持并让其配套，可以发挥"四两拨千斤"的"杠杆效应"；对于资产资源充分，但是缺乏资本实力的村级集体经济组织，财政提供一定的启动资金支持而不强调资金配套，可以盘活经济活力，使资产资源的市场价值得到释放；对于资产资源不充分、资本实力缺乏，但是区位优势明显、群众积极性较高的村级集体经济组织，财政提供启动资金支持同样不强调资金配套，可以撬动金融、社会资本进入，发展其引领效应，进而使区位优势、人力资本的市场价值得到释放。二是充分发挥税费手段的调控功能。要制定出台发展壮大村级集体经济的税费优惠政策，使其能够"轻装上阵"。针对村级集体经济在发展前期，一般存在底子薄、投入大、资金周转困难等实际问题，税务、工商、农业、畜牧等部门可以考虑降低相关税费的征缴比例，或直接给予一定税费减免。通过减轻税费负担，营造扶持氛围，使其能够集中财力、精力做大做强①。

---

① 曾纪芬，张帆，曹润林. 发展壮大村级集体经济的政策研究——以广西为例 [J]. 财政科学，2016（9）：130-141.

6.5 以系统观看待农村反贫困，实施配套财政政策

6.5.1 加快收入监测系统建设力度，精准贫困对象收入水平

基于本书对贫困的概念界定，收入高低是衡量贫困与否的最终标准。那么，准确掌握贫困对象的真实收入水平十分关键。当前，我国尚未建立完善的居民收入监测系统，再加上我国自古以来就有"财不露富"的思想，使得官方很难准确地掌握到民众实际财产收入。在精准扶贫战略实施中，各地普遍反映一个共性问题：精准识别工作队员通过入户调查对农村居民家庭的硬件设施可以较为准确地掌握，但是，对其真实收入要做到精准了解却有些无计可施，识别对象会以各种理由隐瞒从而降低其家庭真实收入水平。不言而喻，做到精准识别贫困对象对农村反贫困意义重大，关系到政府能否在客观、准确的信息基础上精准施策，取得预期的政策调控目标。

理论上，收入监测关系到居民个人隐私权保护，而且，涉及"灰色经济""黑色经济"等隐性经济问题，如果日益扩大的收入差距影响到了社会的和谐稳定，则我们认为居民的个人收入应该接受监测[①]，收入监测系统建立的必要性可以从法理视角予以专题阐释分析，在理论上得到有力支撑。而从实际操作来看，建立收入监测系统是一个相对复杂的系统工程，涉及金融、证券、财政、税务、司法、民政、卫生、统计等部门的联动协调，以实现部门间的信息资源共享。在这方面国外已有成熟的经验可借鉴，不存在技术上的实施困难，但需要政府组织主导，投入一定的人力、物力和财力，由相关部门专门负责或成立专门的机构来专司其职。从财政政策制定角度，设立专项经费投入支持该项工作在全国范围内加快开展显得尤为必要。

---

① 杨灿明，曹润林．建立健全我国居民收入监测系统初探［J］．地方财政研究，2012（8）：23．

6.5.2 规范财政扶贫资金管理，最大化农村反贫困绩效产出

农村反贫困，尤其是在当下精准扶贫战略实施中，围绕达到中央制定的关于贫困户、贫困村、贫困县脱贫摘帽考核指标，各级政府投入了大量财政扶贫资金。而财政扶贫资金的规范管理，不仅直接关系到农村反贫困政策目标的较好实现，还关系到政府形象从而影响到政治稳定、社会和谐。

按照《政府采购法》《招投标法》等法律法规规定，农村反贫困中一些工程招投标项目必须进行充分严格的论证，通过规范的招投标程序来组织实施。然而，中央确定 2020 年如期实现脱贫的政治目标，给各级政府带来了压力感和紧迫感。尤其是一些地方对贫困地区党政领导实行"不脱贫、不调整""不如期脱贫不得提拔"的政绩考核机制，也产生了一定的超前脱贫摘帽效应。在超前脱贫摘帽部署下，也意味着财政扶贫资金的快速投入，极有可能会导致一些工程建设项目得不到有效论证评估，出现招标价格虚高现象，还会导致难以得到及时有效监督，使得一些工程建设项目成本下降，其质量得不到保障，给少部分利益集团带来更多的非合理利润收入，极易使这些利益群体在短时间内暴富，进一步扩大社会群体间的收入分配差距。同时，财政扶贫资金的大量投入，如果跟踪监督机制缺位，也有可能产生"权力寻租"腐败行为，损害政府形象。在这种背景下，规范财政扶贫资金管理，显得尤为关键和必要。

一是要不断完善政府投资预算审批制度，保障财政资金投入科学合理。财政部门要加强投资评审专业人才力量，或委托社会中介服务机构参与，严格审批在农村反贫困战略实施中的所有投资建设项目，保证项目建设资金投入规模的科学性、投资主体利润空间的合理性。

二是要规范执行《政府采购法》《招投标法》等法律法规，做到程序严格、结果公正。对一定工程造价额度以下、技术含量不高的小型工程项目，鼓励采取村民自建方式实施；对工程造价高、技术难度大的工程项目则需严格通过招投标程序，让具有专业资质的企业承担实施。

三是要建立项目投资责任追究制度，严格监督项目建设质量。项目建设质量既关系到项目投入的预期政策效果，还有可能会形成不合理的利润

收入空间，因此，不仅要加强项目建设的事中财政监督，还要加大事后审计、纪检监察等监督力度，对扶贫领域的腐败问题严肃查处，形成"高压线"以保证项目建设质量、财政扶贫资金的安全和高效。

四是建立财政扶贫资金公开制度，提高财政透明度。要对财政扶贫资金的使用方向、使用规模、受益对象、受益范围、实施主体、实施效果等内容通过政府网站、政务公开、新媒体等方式向贫困群众、社会大众及时公开，让扶贫资金使用全过程在阳光下规范运行，自觉接受社会监督。

6.5.3　推行政府购买服务，吸引社会组织参与农村反贫困

农村反贫困的公共品属性需要政府扮演主导角色，产业发展应由市场机制发挥资源配置的决定性作用，社会组织同样是不可忽视的重要力量，在一定程度上可以较好地弥补政府力量不足、市场机制又缺乏动力触及的领域。社会组织扶贫比较灵活专业，行动更为高效，能与政府扶贫形成互补。在农村反贫困实践活动中，笔者基于长达两年多的农村扶贫工作实践，认为一些领域十分需要社会组织来积极介入并发挥其功能效应，主要体现在：

一是教育帮扶领域。一方面，贫困地区尤其是深度贫困地区师资匮乏，导致形成"好师资缺乏、好学生流失、好师资再外流、升学率低"的恶性循环格局，农村贫困家庭孩子丧失了优质教育培养的机会，也随之失去了享受教育公平的权利，难以通过接受更进一步的优质高等教育改变贫穷命运，"寒门难出贵子"将成为残酷现实。为此，社会组织可组织志愿者、优秀退休教师、社会人士到贫困地区开展扶贫支教，弥补该地区的师资力量不足。另一方面，贫困地区农村贫困家庭经济条件落后，社会组织可广泛宣传动员，组织社会爱心力量对贫困家庭学生予以经济支持，使其无生活保障之忧，得以接受更高阶段的教育学习，通过知识文化改变命运。

二是医疗帮扶领域。农村贫困地区因病致贫现象相对普遍，既表现为因农村贫困地区自然环境条件恶劣、对外信息沟通闭塞，使得贫困群众生活条件较差，且不良生活习惯较多，从而导致地方病、长期慢性病、复杂病较多。同时，尽管农村居民医疗保障水平逐年得以提高，但是政府对其

的大病保障力度依然不够，使得贫困家庭难以承受高额医疗费用，也因此丧失了劳动、发展能力而陷入贫困困境，相关社会组织可组织开展免费体检、义诊、设立专项基金对重特大疾病予以专项救助等形式实施医疗帮扶活动，降低其因病致贫风险。

三是精神关爱领域。一般农村贫困地区留守儿童、空巢老人、病残等弱势群体较为庞大，其基本物质生活政府通过低保、五保、临时救助等民政补贴方式可以直接解决，但其精神心理方面在现有条件下地方政府限于自身力量则关注不足，也导致这些区域社会问题事件频发，社会组织可以充分发挥其人员、专业等方面优势积极介入，为这些群体提供精神关爱，使其较好融入社会文明。

四是社会融合领域。一些农村贫困群众之所以贫穷，相当部分在社会融合上存在较为严重的心理障碍，其集体观念淡薄、公共意识欠缺、社会参与度不高，导致夫妻、父子、兄弟、邻里，以及宗族内外部关系紧张，这种狭隘、自我为中心的小农心理极大制约了其自身社会融合度，难以获得社会支持和认同，也一定程度上制约了农村的整体发展。以笔者在实际工作中遇到的困惑为例，在对分散的土地进行规模化、市场化经营工作推进中，预期市场回报远大于个体土地当前地力分散耕作产出，但是，由于宗族融合存在障碍，导致土地的规模化、市场化经营计划难以实施。这些社会融合障碍靠刚性、严肃、规范的法律法规、政策制度去约束规范，常常未能取得良好的矫正调适效果，社会组织的志愿性、非营利性或许可以发挥其间接、"软"调适功能。

社会组织非营利性的公益性质决定了其在这些领域的作用空间，而且无论是在国外，还是在国内社会组织发展程度较高的地区，均体现出了良好的功能效果。2017 年 11 月 22 日，国务院扶贫开发领导小组正式出台《关于广泛引导和动员社会组织参与脱贫攻坚的通知》，要求各地制定出台本省（区、市）相关规定，引导社会组织参与脱贫攻坚。但是，社会组织自身运转也需要一定的人、财、物来维系支撑，政府可以通过购买服务方式来吸引社会力量参与农村反贫困实践，实现多赢合作格局。

6.5.4 提高村干部工资待遇，保证各项政策较好贯彻落地

我国《村民委员会组织法》规定：村民委员会是村民自我管理、自我

教育和自我服务的基层群众性自治组织。但是，从实际来看，村民委员会是政府行政层级的延伸，承担了一定的政府管理职能，是中央到地方各级政府出台政策的配合者乃至是最终执行者。在现实情形下，一些地方乡镇干部甚至严重依赖村干部。因此，村干部能否较好的宣传、贯彻执行好上级各项政策，直接关系到政策实施效果好坏、关系到政府宏观调控目标的顺利实现。而村干部的能力素质、待遇水平则又是关键影响因素。

为实现 2020 年脱贫目标，自中央到地方政府均出台了一系列政策文件。即使广大农村实现脱贫摘帽后，基于"三农"的战略地位，仍将有促进我国农村继续深化发展的政策举措。而且，党的十九大报告明文指出，要大力实施乡村振兴战略，全面实现农业强、农村美、农业强。那么，这些都需要村两委干部的支持配合、贯彻落实。而当前，在广大农村，尤其是贫困地区的农村，村两委干部的能力素质不容乐观，老龄化、文化少、威望低现象较为普遍，甚至存在不愿意当村干部的现象。其实，一些农村并不乏能人、致富带头人，各级政府也要求重视选拔能人、致富带头人担任村干部。究竟原因：村干部的物质报酬是重要制约因素，较低的工资待遇难以吸引人才、留住人才。

近年来，中央越来越重视基层干部队伍的建设力度，也包括村干部，从政治待遇、物质待遇、精神待遇上进行了多方位的改善提高。2017 年 2 月 20 日，中共中央办公厅、国务院办公厅印发了《关于加强乡镇政府服务能力建设的意见》，提出：要加大从优秀村干部中招录乡镇公务员和事业编制人员力度；注重从优秀村干部、大学生村官中选拔乡镇领导干部。既然各级政府对农村工作"上面千根线、下面一根针"的重要性形成了广泛共识，那么，面对广大村干部承受着繁杂的各级政府政策精神宣传解读、工作部署的贯彻落实等执行任务，更应该充分认识到仅仅靠政治待遇、精神激励村干部无疑不够，不仅难以调动他们的工作积极性，也不符合其工作付出与收入回报相匹配的客观实际。从财政政策角度，各级政府形成共识，加大财政资金保障力度，进一步提高农村干部工资待遇标准，并建立逐步稳定增长机制显得尤为必要。

6.5.5　充分结合基层工作实际，因地制宜实施公车改革政策

基于减轻财政负担、防范"车轮上腐败"等因素考虑，2014 年 7 月

16 日，中共中央办公厅、国务院办公厅出台《关于全面推进公务用车制度改革的指导意见》和《中央和国家机关公务用车制度改革方案》。2015年 9 月，全国各省区市已基本完成车改总体方案制定。公车改革已在全国各地实施，并按照行政机关、事业单位、国有企业的顺序逐步推进。毫无疑问，公车改革政策的推行有效防范了"车轮上腐败"现象，但是，其对行政成本、行政效率的实际影响效果究竟如何，还有待予以全面的综合绩效评估。

结合实际调研来看，笔者认为公车改革政策的推行应因地制宜，尤其是在县乡行政层级。在大中城市，由于公共服务设施完善，公务人员交通出行便利，即便使用个人私车处理公事，在领取交通补贴的前提下，车损车耗一般在可接受范围内。而在基层县乡地区，特别是贫困山区县，交通出行相对不便，再加上政策贯彻执行任务较为繁重，公务人员领取的交通补贴不足以支付因公市场化租车支出。即便领取交通补贴，基于油耗车损等因素考虑，使用个人私车处理日常公务的积极性大大削弱。尽管党的服务宗旨推崇无私奉献，但是，过于强调个人无私付出，也是不符合客观实际的。正如前文第 3 章中国农村贫困现状描述，农村贫困人口主要集中分布在"老、少、边"地带，这些地区地理环境恶劣、交通出现不便、信息环境闭塞，县乡公务人员承担着繁重的农村反贫困任务。强调"倒贴交通补贴""私车公用"等无私奉献行为只是权宜之举，最终将会降低行政执行效率，削弱政策预期效果。

公车改革的弊端中央政府应该已经观察注意到，2016 年 12 月 8 日，国家发改委发布的《关于完善配套政策持续巩固公车改革成果的通知》就是证明，其内容主要是：支持地方提高县乡公务交通补贴统筹比例；鼓励向基层倾斜配备车辆；采取按距离远近包干交通费的办法等条款。笔者认为，这些举措既在操作上存在一定难度，还有可能进一步增加行政成本。同时，行政效率也难以改善。基于笔者对部分省份一些县乡的实地调研来看：一是县乡行政领导既领取交通补贴，同时又继续享受公车待遇的现象较为普遍，公车改革反而增加了一些领导的工资待遇；二是公务用车集中平台化管理"换汤不换药"未发挥实质性作用，不仅增加了制度运行成本，还极大降低了公务人员的行政办事效率；三是推行公车改革对公务人员发放交通补贴后，行政成本较之公车改革前，整体上有可能不降反升。

实际上，公车改革的着眼点应是防范"公车私用"现象出现，在当前自中央到地方"八项规定"的严格实施下，公务人员"公车私用"违纪违规成本较大，使得该现象已得到严格控制。因此，公车改革政策应充分考虑基层公务人员所处地理、工作环境实际，因地制宜推行实施，"一刀切"式取缔公车配置不符合矛盾的特殊性。

6.5.6　加强东西部扶贫协作，放大横向财政转移支付的帮扶效应

从财政转移支付资金来源看，有纵向层级自上而下的资金传递，还有横向层面"削峰填谷"式的资金转移。纵向转移支付主要是上级政府宏观统筹协调平衡对下级政府的刚性制度安排，横向转移支付则是不相隶属行政层级政府间的道义援助，相对软约束。但是，在中央集权制行政管理体制下，横向转移支付也具有一定刚性。习近平同志指出，东西部扶贫协作和对口支援，是推动区域协调发展、协同发展、共同发展的大战略，是加强区域合作、优化产业布局、拓展对内对外开放新空间的大布局，是实现先富帮后富、最终实现共同富裕目标的大举措。2016 年 12 月，中共中央办公厅、国务院办公厅专门印发《关于进一步加强东西部扶贫协作工作的指导意见》，其中明确要求：东部省份要根据财力增长情况，逐步增加扶贫协作和对口支援财政投入，并列入年度预算。

笔者认为：东西部对口帮扶协作，是社会主义制度优越性的重要体现，是落实先富帮后富、促进区域均衡协调发展的重要举措。从西部贫困地区来讲，自身要以科学合理的扶贫规划为引领，充分借助扶贫协作和对口支援资金，严格加强资金监管约束，着力于聚焦脱贫攻坚工程，与来自纵向的转移支付共同形成脱贫合力助推目标实现。从东部帮扶地区来讲，对口帮扶协作不应只是简单的输出横向转移支付资金，更要努力将东部地区人力资本、领先技术、产业市场等先进市场要素资源和理念与西部贫困地区比较优势资源禀赋有机结合，进而发挥财政帮扶资金"四两拨千斤"的杠杆撬动效应，从而不断增强西部贫困地区自我造血功能，以自身经济社会发展促进区域整体脱贫致富。

6.5.7 控制城市高房价，增强农村居民家庭教育投资回报预期

近年来，中国城市不断高涨的房价已对整个经济社会带来系列连锁负面效应，农村反贫困同样受到波及影响。上文已经阐述，要实现农村贫困家庭从根本上脱贫致富，必须高度重视教育的功能作用。自古以来，中国绝大部分家庭父母重视教育投资，尤其是很多农村贫困家庭父母更是省吃俭用、举全家之力，努力让子女接受更多的教育，一方面期望其"跳出农门"实现自身更好的发展，另一方面也期望通过教育投资改变家庭经济状况、提升社会地位。然而，受城市高房价影响，农村贫困家庭子女接受高等教育在城市工作后，其整个家庭将继续面临着供房支出的沉重压力，不仅使其继续陷入贫困状态之中，对整个社会农村贫困家庭的教育投资信心也产生了极大抑制作用。因学致贫的作用空间已向前延伸，超越了教育投资成本的阶段时间界限。

城市高房价对整个经济社会的连锁负面效应必须引起政府的高度重视，无论是从眼下，还是立足于长远，不能忽视城市高房价对农村贫困的影响，这不仅关系到农村反贫困目标的顺利实现，还关乎整个国民素质的全面提升，甚至是民族未来的发展。导致我国城市高房价的因素很多，政府的多次调控政策其效果似乎并不明显，远远未达到民众的预期，因为高房价依然让大部分民众的收入难以承受其重。学界、社会关于如何控制城市高房价的研究成果和观点也很多，本书在此不做过多的分析阐释。从财政政策角度，通过转移支付机制的合理设计、完善地方税体系的构建，增加地方政府的财权从而降低对"土地财政"的依赖，同时对炒房者通过房产税、遗产税等一系列税收工具手段予以调控，均应是考虑的重点。

参 考 文 献

[1] 阿马蒂亚·森. 贫困与饥荒 [M]. 王宇，王文玉译. 北京：商务印书馆，2012.

[2] 阿马蒂亚·森. 以自由看待发展 [M]. 任赜，于真译. 北京：中国人民大学出版社，2012.

[3] 程名望，Jin Yanhong，盖庆恩，史清华. 农村减贫：应该更关注教育还是健康？——基于收入增长和差距缩小双重视角的实证 [J]. 经济研究，2014（11）.

[4] 蔡亚庆，王晓兵，杨军，罗仁福. 我国农户贫困持续性及决定因素分析——基于相对和绝对贫困线的再审视 [J]. 农业现代化研究，2016（1）.

[5] 陈共. 财政学 [M]. 北京：中国人民大学出版社，2015.

[6] 崔艳娟，孙刚. 金融发展是贫困减缓的原因吗？——来自中国的证据 [J]. 金融研究，2012（11）.

[7] 储德银，赵飞. 财政分权、政府转移支付与农村贫困——基于预算内外和收支双重维度的门槛效应分析 [J]. 财经研究，2013（9）.

[8] 邓子基. 财政学 [M]. 北京：中国人民大学出版社，2001.

[9] 达尔. 现代政治分析 [M]. 上海：上海译文出版社，1987.

[10] 2000～2001年世界发展报告——与贫困作斗争 [M]. 北京：中国财政经济出版社，2001.

[11] 樊丽明，杨国涛，范子英. 贫困地区收入不平等的决定因素：基于西海固农户数据的分析 [J]. 世界经济文汇，2010（3）.

[12] 方黎明，张秀兰. 中国农村扶贫的政策效应分析——基于能力贫困理论的考察 [J]. 财经研究，2007（12）.

[13] 冯贺霞，王小林，夏庆杰. 收入贫困与多维贫困关系分析 [J].

劳动经济研究，2015（6）．

[14] 郭劲光，高静美．我国基础设施建设投资的减贫效果研究：1987～2006 [J]．农业经济问题，2009（9）．

[15] 郭熙保．论贫困概念的内涵 [J]．山东社会科学，2005（12）．

[16] 郭黎安．中国农村扶贫开发财政资金的绩效评价——基于 DEA - Malmquist 指数的分析 [J]．财政监督，2012（18）．

[17] 国家统计局住户调查办公室．2016 中国农村贫困监测报告 [M]．北京：中国统计出版社，2016．

[18] 国家统计局住户调查办公室．2018 中国农村贫困监测报告 [M]．北京：中国统计出版社，2018．

[19] 高培勇．抓住中国特色财政学发展的有利契机 [N]．人民日报，2017 年 2 月 27 日第 16 版．

[20] 何振一．社会主义财政学创新中的几个理论认识问题 [J]．财贸经济，2008（4）．

[21] 黑格尔．法哲学原理 [M]．北京：商务印书馆，1982．

[22] 何剑，肖凯文．西部农村地区民生财政政策的反贫困效应研究 [J]．调研世界，2017（2）．

[23] 韩凤芹．中职教育学费不能盲目"一免了之" [EB/OL]．http：//www. crifs. org. cn/index. php？m = content&c = index&a = show&catid = 13&id = 174.

[24] 姜爱华．我国政府开发式扶贫资金投放效果的实证分析 [J]．中央财经大学学报，2008（2）．

[25] 罗知．地方财政支出与益贫式经济增长——基于中国省际数据的经验研究 [J]．武汉大学学报，2011（3）．

[26] 赖玥，成天柱．财政扶贫的效率损失——基于财政激励视角的县级面板数据分析 [J]．经济问题，2014（5）．

[27] 刘京焕，陈志勇，李景友．财政学原理 [M]．北京：中国财政经济出版社，2005．

[28] 刘尚希．大国财政 [M]．北京：人民出版社，2016．

[29] 李步云，杨松才．权利与义务的辩证统一 [J]．广东社会科学，2003（4）．

［30］刘穷志.转移支付激励与贫困减少——基于 PSM 技术的分析［J］.中国软科学，2010（9）.

［31］李周，魏后凯.中国农村发展研究报告 NO.9［M］.北京：社会科学文献出版社，2016.

［32］刘尚希.财政与国家治理：基于三个维度的认识［J］.经济研究参考，2015（38）.

［33］刘坚.中国农村减贫研究［M］.北京：中国财政经济出版社，2009.

［34］［美］约翰·肯尼斯·加尔布雷斯.贫穷的本质［M］.倪云松译.北京：东方出版社，2014.

［35］［美］劳埃德·雷诺兹.微观经济学［M］.商务印书馆，1984.

［36］［美］西奥多·W.舒尔茨.论人力资本投资［M］.吴珠华译.北京：北京经济学院出版社，1990.

［37］马克思恩格斯全集（第 16 卷）［M］.北京：人民出版社，1972.

［38］欧阳煌，李思，祝鹏飞.关于新时期财政扶贫治理困境及破解的思考［J］.财政研究，2015（12）.

［39］世界银行.贫困与对策［M］.北京：经济管理出版社，1996.

［40］宋宪萍，张剑军.基于能力贫困理论的反贫困对策构建［J］.海南大学学报，2010（1）.

［41］孙世强，王斌.经济正义：财政职能的扩展［J］.学术月刊，2010（2）.

［42］单德朋.教育效能和结构对西部地区贫困减缓的影响研究［J］.中国人口科学，2012（5）.

［43］童星，林闽钢.我国农村贫困标准线研究［J］.中国社会科学，1994（3）.

［44］童宁.农村扶贫资源传递过程研究［M］.北京：人民出版社，2009.

［45］王文略，毛谦谦，余劲.基于风险与机会视角的贫困再定义［J］.中国人口·资源与环境，2015（12）.

［46］魏娜，吴爱明.当代中国政府与行政［M］.北京：中国人民大学出版社，2002.

［47］王引. 健康对农民收入影响的实证研究［M］. 成都：西南财经大学出版社，2013.

［48］王林玉. 激发贫困群众的脱贫内生动力［J］. 理论与当代，2017（4）.

［49］王敏，曹润林. 城镇化对我国城乡居民财产性收入差距影响的实证研究［J］. 宏观经济研究，2015（3）.

［50］王善平，唐红，高波. 能力扶贫及其综合绩效问题研究［M］. 长沙：湖南人民出版社，2016.

［51］徐贵恒. 人文贫困的提出及其内涵［J］. 内蒙古民族大学学报（社会科学版），2008（4）.

［52］解垩. 公共转移支付和私人转移支付对农村贫困、不平等的影响：反事实分析［J］. 财贸经济，2010（12）.

［53］谢旭人. 充分发挥公共财政的职能作用［N］. 人民日报，2008年2月29日第10版.

［54］徐湘林. "国家治理"的理论内涵［J］. 人民论坛，2014（4）.

［55］徐爱燕，沈坤荣. 财政支出减贫的收入效应——基于中国农村地区的分析［J］. 财经科学，2017（1）.

［56］徐爱燕. 财政支出的减排效应研究［M］. 北京：科学出版社，2016.

［57］习近平. 摆脱贫困［M］. 福建：福建人民出版社，2014.

［58］元林君. 民族地区的贫困问题与反贫困战略［J］. 行政管理改革，2016（4）.

［59］杨灿明. 财政职能辨析［J］. 财政研究，2006（7）.

［60］杨灿明等. 规范收入分配秩序研究［M］. 北京：经济科学出版社，2014.

［61］杨宜勇，张强. 我国社会保障制度反贫效应研究——基于全国省际面板数据的分析［J］. 经济学动态，2016（6）.

［62］杨灿明，曹润林. 建立健全我国居民收入监测系统初探［J］. 地方财政研究，2012（8）.

［63］张全红. 中国农村扶贫资金投入与贫困减少的经验分析［J］. 经济评论，2010（2）.

[64] 张铭洪，施宇，李星. 公共财政扶贫支出绩效评价研究——基于国家扶贫重点县数据 [J]. 华东经济管理，2014：(9).

[65] 章元，万广华，史清华. 中国农村的暂时性贫困是否真的更严重 [J]. 世界经济，2012 (1).

[66] 张立冬. 中国农村贫困代际传递实证研究 [J]. 中国人口·资源与环境，2013 (6).

[67] 曾福生，曾志红，范永忠. 克贫攻坚——中国农村扶贫资金效率研究 [M]. 北京：中央编译出版社，2015.

[68] 张有春. 贫困、发展与文化：一个农村扶贫规划项目的人类学考察 [M]. 北京：民族出版社，2014.

[69] 周灿芳. 农民收入增长机制研究——以广东为例 [M]. 北京：中国农业出版社，2012.

[70] 曾纪芬，张帆，曹润林. 发展壮大村级集体经济的政策研究——以广西为例 [J]. 财政科学，2016 (9).

[71] Tone K. A slacks-based measure of efficiency in data envelopment analysis [J]. European Journal of Operational Research，2001，130 (3)：498–509.

后　　记

　　书稿终于出版，内心松了口气，却多了一份沉甸，在村里翻山越岭、走屯串户和群众相处的一幕幕场景也再一次浮现眼前。本书是基于当下决战决胜脱贫攻坚战、全面实现小康社会的伟大时代背景，结合自身专业知识背景和从事的财政业务工作，对我在深度贫困县深度贫困村担任第一书记两年多来观察、思考以及工作感悟的一个总结。

　　贫困是一个世界性问题，欠发达和发展中国家存在，发达国家亦有，因此，无论是从社会秩序的和谐，还是从国家政权稳定以及人类社会文明进步的角度，反贫困问题都难以回避。对于中国来讲，由于长期以来我们是一个农业人口占主体的国家，贫困人口主要分布在农村，故而农村反贫困是我们的重点方向。在梳理国内外文献基础上，结合我两年多的农村工作经历，农村反贫困的前提必须精准扶贫对象，精准不能主观性判断而需要量化，从目前来看，还没有比收入更好的量化手段。但影响收入水平的因素很多，在书中我将其归纳概括为"能力贫困""动力贫困"和"地理贫困"，即从这三个维度来界定贫困的内涵，全书也沿着"能力贫困""动力贫困"和"地理贫困"这一研究假设贯一始终分析论证。

　　党的十八届三中全会提出"财政是国家治理的基础和重要支柱"，两年多的扶贫工作让我对财政的国家治理功能也有了更为深刻的感受和体会，我深深自豪我们的国家和我们的党，为了兑现打赢脱贫攻坚战、全面建成小康社会，让改革发展成果人民共享的庄严承诺，决心坚定、目标明确、行动有力、成效瞩目，这在世界上其他国家我想是很难做到的。因无外部经验可循，我们是在摸索中前进，需要我们及时总结，不断优化完善政策设计和执行。在农村反贫困实践中，如果财政越位于市场，不仅会浪费财力、物力和人力，还会干扰市场机制的有效运行；如果财政对贫困群众"热心过了头"，政策效果会适得其反不仅会抑制其内生性动力，还有可能导致其"权利"和"义务"意识的不对等，这些都与国家治理有关，值得思考和研究。

能有这些感悟和体会，我要感恩组织对我的信任，选派我到基层去担任驻村第一书记，让我有机会在基层一线挥洒汗水为农村反贫困付诸实践和探索。另外，我的博士后导师刘尚希老师宽阔的研究视野、深邃的学术思想、严谨的治学态度、平易的为师风范，让我受教良多。本书从选题到内容的完善以及写作进度都得到了刘老师的悉心指导和关心，其中的典型案例例证部分也是在其建议下纳入，使得本研究充满了一定的"地气"。在就读博士研究生期间，我的博士导师杨灿明教授让我参与了其主持的教育部哲学社会科学研究重大课题攻关项目《规范收入分配秩序研究》，这为我能够顺利完成本书写作奠定了研究基础，杨老师"专中有博、以博养专"的教诲是不断提高我发现问题、分析问题和解决问题能力的重要指引。一路求学以来，我的成长凝聚了所有教导我的恩师的心血，师恩浩荡、历历在目，我深深感恩，也丝毫不敢忘怀！

本书是我第一本专著，努力的道路上凝聚了我的亲人和朋友的付出和关心。一路成长，是我至亲至爱的亲人们无私付出、默默奉献的历程，你们既是我坚实的后盾，也是我不断前行的动力源泉；一路成长，拥有不少同窗，亦结识不少益友，你们让我收获了人生的宽度、感受到了友谊的力量，感恩！

最后，感恩这个伟大的时代，这个伟大的时代为我们提供了展示自我、实现梦想的舞台，我深深感恩！

曹润林

2019 年 7 月 21 日于绿城南宁